徐云峰——著

# 清水流过上邽城

敦煌文艺出版社

**图书在版编目（ＣＩＰ）数据**

清水流过上邦城 ／ 徐云峰著 . —— 兰州：敦煌文艺
出版社，2024.1
ISBN 978-7-5468-2523-6

Ⅰ．①清… Ⅱ．①徐… Ⅲ．①地方文化—文化史—清
水县 Ⅳ．① G127.424

中国国家版本馆 CIP 数据核字（2024）第 009163 号

**清水流过上邦城**

徐云峰　著

责任编辑：李　佳
装帧设计：一　禾

敦煌文艺出版社出版、发行
地址：（730030）兰州市城关区曹家巷 1 号新闻出版大厦
邮箱：dunhuangwenyi1958@126.com
0931-2131601（编辑部）　　0931-2131387（发行部）

兰州银声印务有限公司印刷
开本 880 毫米 ×1230 毫米　1/32　印张 7.375　插页 1　字数 100 千
2024 年 1 月第 1 版　　2024 年 1 月第 1 次印刷
印数：1~6 000 册

ISBN 978-7-5468-2523-6
定价：48.00 元

# 序

王若冰

云峰又要出书了，而且是专为一个地方——清水写的书，嘱我写序，无论从我和云峰的交谊，还是我和清水的交往，我都是欣然的。

云峰是一位阳光热情，既富于思考、积极上进，又脚踏实地、踏实务实的青年。二十多年前，云峰大学毕业后自主择业到一家国企工作两年后，辞掉厂团委书记之职，孤身入世，空手创业。当时，云峰二十来岁，他不仅以自己尚显稚嫩的肩膀支撑起了一个店面不大的文化公司，还四处化缘筹资、策划征稿，先后举办了四届天水市中学生写作大赛，并在此期间通过自学，考取了兰州大学工商管理硕士。每届写作大赛，云峰不是邀我做评委、当颁奖嘉宾，就是请我为一届一册的获奖作品集作序。往来频繁了，交谊深了，云峰便给我聊他的生活和未来的打算，我因此有幸见证了一位有理想、有追求的热血青年于白手起家中热情洋溢、追逐梦想的全过程。取得研究生学历和硕士学位后，云峰先后从事过银行、教育、传媒、农业、工业等工作，一边为他服务的公司出谋划策、殚心竭虑，一边开始了写作，先后出版了《云在天上飞》《心路一光年》等文集。对于云峰的写作，在《心路一光年》序里我就这样说过："写作于云峰，原本就是对自己精神与情感世界的劝慰和拓延。"但从写作趋向来讲，弥漫在云峰字里行间的科技文明精神和现代思维意识，让他的作品在很大层面上与众多天水本土作家以乡土和传统为言说母体的写作，形成极具辨识度的反差。这种反差的根本，是云峰是一位具有现代写作意识的作家。

几年前，云峰带领团队到清水创业，这就有了坐落在清水县城之西、牛头河畔的高科技企业天水兆达农业科技有限公司。在清水创业发展，与清水山川自然、历史文化、市井百姓耳鬓厮磨，为云峰的写作打开了另一扇窗户，所思所感，信手拈来，就有了他持续十多年写作中更贴近生活本体和人文自然的这本《清水流过上邽城》。

古代的上邽，既包括清水，也包括现在天水市的麦积区和秦州区。由于工作和交往，清水也是天水市所辖五县两区中我最熟悉、情缘最深的地方。20世纪90年代末，和天河酒业交往频繁，沉迷天河酒香、朋友情谊之间，帮助

清水流过上邽城

辑一

# 黄帝的目光

因了在清水投资兴业的原因，我曾多次路过县城中心广场。广场是城市的坐标，那里凝结着一座城最具魅力的亮光，就像北京的天安门，捷克的布拉格，拉萨的布达拉宫……清水乃轩辕黄帝诞生之地，因此建起了轩辕广场，立起了黄帝像，清水县被誉为"轩辕故里"，由华国锋同志书写了这四字。广场、雕像、题字无疑是对这座县城古味遗韵的最好注解，更是这座古城美好富足的最好祈愿。

黄帝像高9.5米，谓之九五之尊，由著名雕塑家、广州美术学院教授潘绍棠先生雕刻，等比例放大。白色的黄帝像矗立在广场中央方形底座上，高大威仪，神态迥然，右手握剑，似号令三军，左手并拢，指向远方。黄帝面容英俊，目光炯炯，注视着东南方向，那是华夏文明传播的路线——起于他身后的牛头河，流经渭河，汇入黄河，一路向东南。大地的颜色顺流而下，中华文明的色彩，写满了每一个华夏儿女的面庞。黄帝成为华夏文明启蒙的象征之一，静静矗立在牛头河畔。

牛头河发源于清水县山门镇芦子滩。山门镇地处清水县东南。苍莽的大山覆盖着密不透风的树木和花草。天然生长的树木不放过任何一寸土地，尽管土地之下是坚硬的岩石，其上薄薄的落满树叶化作春泥的黄土层，给了树木花草巨大的能量。数万年来，它们伴随地质变化或蓬勃或逝去，但它们始终坚守着绿色的信仰荫蔽着流经峡谷的河水，遮盖了群山裸露出岩石的面孔，把绵延百里的高山裹得严严实实。这是陇山山脉最后的余晖，也是秦岭山脉雄起的地缘。陇山之西，谓之陇右，这里河流众多，草木旺盛，既有高山天险之屏障，又有沃野良田之阔地。古人以此为家，繁衍生息，开创文明，从古至今。《易林·恒卦》云：黄帝所生，伏羲之宇。兵刃不至，利以居止。

芦子滩上涌出的泉水，顺着大山石缝的间隙，通过毛细作用流上山体，草木的茂盛不会忘记这一眼眼泉水的天赐，它们舒展着身姿，在四季交替的盛装中，目送牛头河远行。

牛头河注定是一条不凡之河。

河水北上，自东向西，流过山门镇，一个叫轩辕谷的地方，黄帝诞生了。《水经注·渭水》曰："黄帝生于天水，在上邽城东七十里轩辕谷。"范文澜编《中国通史简编》指出："轩辕黄帝诞生于甘肃清水。"

遥想当年，中国地貌西北高而东南低，河水汹涌，沼泽漫延。土层平均厚达一百五十多米的黄土高坡给了古人类安全的居所，清澈激流的河水，孕育了广袤的田野和丰盛的鱼米。那时，黄帝的部落逐水而居，他用睿智的目光，遴选出适合种植和食用的黍，发展农业；他用深邃的目光，发现阴阳五行之道探寻生命的密码，为他的子民防病治病，开创内经；他用聪慧的目光，发明舟车，作为原始部落的生产资料，极大提升了生产力……黄帝的目光如清澈的河流，穿过巨石的罅隙，草木的阻挡，让部落的文明之光从牛头河畔照向东南。

牛头河畔，草木葳蕤。即便曾经孕育过人类伟大的先锋战士黄帝，也依然保持着它静水深流的品质，悄无声息地流淌在峡谷之中。这样的品性亦如今天的清水人一样，诚实、勤劳。

牛头河是执拗和宽宏的。它从东向西然后由北向南流淌八十余公里，汇入渭河。身处大山之中、濒河而居的黄帝子孙，在此繁衍生息。黄帝开创的文明，顺着牛头河、渭河流域最终进入黄河流域。水域越来越开阔，文明越来越繁盛。从伏羲氏一画开天，到轩辕黄帝的诞生，华夏文明的源头指向天水。

黄帝是一位集医学、农学、机械工程学、军事学等于一身的英雄。这些神迹中，包含了从父系氏族公社出现，经过部落之间斗争，到华夏民族逐步形成的漫长过程，在黄帝身上凝聚了中华民族的创造和信仰。

如今，清水作为轩辕故里已名扬海内外。轩辕黄帝诞生于牛头河流域的假设也不像空穴来风。一个不争的事实是，华夏文明的发源、强大，是沿着从西北往东南跃迁的历史。清水和天水，名字自带文明的密码——水。渭河、葫芦河、牛头河等不计其数的从天水境内发源、流过的大河小溪，共同滋养了华夏文明从蒙昧步入文明，从远古走向现代。

一万年后，轩辕黄帝的雕像在清水县中心广场矗立，人们拜谒他所取得的功绩，就是对华夏文明的礼赞，就会感受到文明源头的脉动。

现代的清水人正在沿着古圣先贤的道路，探寻人类文明发展的火种，助力中华民族的文明圣火熊熊燃烧。

# 水润上邽

牛头河终汇渭河的宿命改变不了它执着流淌的天机。当河水穿过芦子滩地下无尽黑暗中松散的沙砾，向上突突出地面的时刻，满世界的光明和满眼森林的葳蕤、群山的敦厚给了它明媚温暖的指引，它带着纯洁的清凉放弃了直接南下抄近道流入渭河的打算，而舍近求远，绕圈北上，从东到西，又折返南下，在群山和平川之中画出一道长度八十余公里闪着金波的美丽弧线，收纳下诸如柳林河、汤浴河、樊河、后川河、白驼河、箭杆河、南道河等一百三十七条小溪小河后，奔流渭河。这个看似天经地义的圆弧，却在冥冥之中让这座古时叫上邽，后因河水清澈命名的县城——清水，成为自远古以来中华文明肇起和跃进的源头。

带着使命的牛头河流淌之处，如在大地上生长着的一棵巨树，大河为干，小河当枝，群山是果，草木做叶，在穿过谷底、纵横田陌的生长中，把汩汩清流淌进了每一株树木、每一片庄稼、每一根小草的心窝。一万年前的河水流过轩辕谷时，恰是人类经历了三百万年旧石器时代向新石器时代跃升的关键时刻，河畔的部落正迎接一位伟人——黄帝呱呱坠地。《水经注·渭水》记载："黄帝生于天水，在上邽城东七十里轩辕谷。"天生异象的黄帝汲取牛头河之执着精神，学习其宽容接纳的品格，如同大地之树一样，在部落中蔓延生长壮大崛起成为首领。做医药、播百谷、兴农业……濒河而居的人们在与自然抗争与野兽斗争中节节取胜，亦步亦趋点燃了人类文明的星火。黄帝率领部落顺牛头河而下，经过渭河，抵达黄河，宏阔的水世界给了他惊人的灵感，从一条河流抵达另一条河流，从一片疆域到达另一片疆域。所到之处，星火燎原。他把文明的火种亲手埋置在历史的炉膛，那熊熊大火照亮了华夏子民前行的步伐，光明勇敢。

在光明与黑暗交替的世界，在水与火交织的时期，水与这片热土结下了不解之缘。一座带水字的城——清水，另一座带水字的城——天水，注定是中华文明发源史册上最耀眼的。与牛头河相距百公里的渭河上游，葫芦河畔，同样伟大的部落首领——伏羲也诞生了。清水、天水，黄帝、伏羲，他们是一万年前的天选之子，清水、天水，想必是那天宫遗落的珍珠，映射出了华夏文明的璀璨，光芒夺目。上善若水的精神沿着牛头河、渭河东流而下，越来越壮阔的黄河孕育了更为宏大的中华文明。此时，当我们寻根问源，逆流而上，谁能忘记曾经孕育和诞生了轩辕黄帝的牛头河呢？

沿着黄帝的足迹，在河水流淌七千年后，牛头河畔又孕育了一个推进华夏文明进程的部族。

牛头河流过秦亭，非子的部落在河岸牧马，丰盈的水草供养起了一个部落的繁荣，一匹匹良驹从牛头河边出生、长大、强壮，一群群宝马足以跨过关山抵达关中平原，在周王室的分封之地壮大发展，抵御外侵，守住封地。历史终归垂青了曾经牧马的秦人，他们似牛头河清澈如水、执着坚定和宽容接纳的性格铸就了横扫六合、一统天下的帝业。四分五裂的国第一次统一。通用的钱币、合规的车辙、抽象的文字……都在彰显那个时代秦人的光辉。中华文明经过了一次划时代的进化，而它的源头指向牛头河畔，这个曾经诞生轩辕黄帝的地方，秦人的先祖不会忘记他们的封地，他们的马群，他们的家园。

牛头河不断接纳着来自群山森林深处、谷底之间的河水。一条伟大的河无需浊浪滔天、惊天动地，只在不经意间就默默为中华文明的进化贡献了它乳汁般的甘甜，点燃了中华民族骨子里勇毅、隐忍和刚强的性格火焰。

北山上的丁香一簇簇迎风招展，清幽的香气熏染了半座城；南塬上的油菜一片片婆娑起舞，独特的香味弥漫了半座城。丁香花和油菜花，已将北山和南山之间的一座城装点在花海之中，牛头河安静地流淌着，徜徉在这花海，波澜不惊，水波不兴，阵风吹来，那是清水人勤劳的弦歌，如一万年前一样。

水润上邽，花香四季；轩辕故里，康养福地。一座现代之城正向世人发出召唤。

# 花舞北山

　　卧室窗外两三平方米的小花园，是凌霄的围城，丁香的客厅。三股枝条被巧手编成了麻花样的丁香，婀娜的身影是孟春的仙子，总会在明媚的春光里降临人间。偶尔在氤氲中透过朦胧的窗玻璃看见丁香，似乎就看到了戴望舒走过的那条雨巷，他心中的姑娘如丁香般芬芳、迷人。

　　东风吹醒了丁香的冬眠，一个个丁香结急不可耐地从枝头探出，如同秋天的稻谷，沉甸甸的，用尽整个冬天蓄积的能量，奔赴人间。丁香结一旦睁开蒙眬的睡眼，紫色的明眸就在雾霭的晨曦中闪动出亮光，晶莹的露珠像是诗人落下的清泪，流连于曲折蜿蜒的枝干。太阳推开了爱的大门，丝丝优雅绵长的香味飘出花园，从窗户和门的缝隙挤进屋内，整个房间被扑点了自然的香气，春天的味道弥漫在每个角落。一场春雨过后，嫩黄纤细的叶子赶上这场香味盛宴，紫色的小花在绿叶的陪衬下，愈加柔美可爱。

原本三股主藤缠绕成干的丁香周围，如春笋般长出了无数小芽，不过几日，小芽已长成了小丁香苗，雀跃舞动，我对此视若无睹，甚至窃喜，不做修剪，意欲让丁香尽情撒欢。只三个春天，花园一大半已被新生的丁香占据，凌霄被挤在了一角，碧桃显得十分局促，欧月终于在丁香的威逼下萎蔫枯死。花园成了丁香的客厅。丁香在客厅凝望着我，我在卧室时常打量着丁香，时间久了，丁香成了我最熟稔的花。即便隔着一条河，我也能分辨出它的身影。

偶然寻见几百米开外的丁香，是在清水牛头河北岸，一处花草舞动的地方——花舞北山公园。北山南坡，桃树、杏树、丁香……向阳而生，竞相开放，成片的粉色，白色，紫色的花团，给黄土坡披上了新装。从莽莽陇山深处谷底发源，带着森林清冽气息的甘甜河水，对舞者们致以问候。静静的牛头河波光粼粼，那些随风飘逝的花瓣如同一叶叶小舟，引领清水的福气连同好运启航。沿岸变得热闹起来了。跑步者和行人，迎着晨曦，送走晚霞，河岸的金柳为之欢呼，河水的微波为之雀跃。一座主打康养、旅游之城的魅力，在每一道溪流、每一朵云彩、每一条小径、每一声笑语中向天空和大地呈现。以花为媒，惊梦山河，北山上的丁香盛放了，我们岂能错过与花为舞的机会？错过这繁花似锦的春天？那曾让诗人顾盼流连的丁香，已然是舞者中的主角。或紫，或粉，或高，或矮，它们组成了一个丁香的神秘花园。每一个丁香结，都藏着一种幸福，它们是清水人的热情；每一个丁香结，都孕着一个希望，它们是清水城的憧憬。一夜春雨，刷洗了来自北方沙漠的尘土，天空清净，大地滋润，花舞北山和它绵延百里的群山之上，种植的和野生的丁香结正在露出笑脸，迎接着新的春天。

若在此时，邀请戴望舒至清水，这满山遍野的丁香花，定能让诗人忧郁的思绪烟消云散，看着那一蓬蓬的绽放，诗人将会写出何等惊世骇俗的情诗呢？

只是，诗人已逝。

# 香怡南塬

　　温柔的牛头河带着芦子滩清凉泉水、碧绿森林的气息,用宽容的肚量容纳下数百条小溪小河的投奔后,义无反顾地从东向西,流过秦人先祖曾经繁衍生息的福地、现代城市整洁繁忙的霓虹,折返向南奔流渭河,南北两山的皇天后土是牛头河最敦厚的彼岸,它们见证了轩辕黄帝的诞生和成就,见证了秦人在牛头河畔依草而居发展牧业最终越过关山进入关中平原并迅速崛起一统天下的生动画面,也见证着新时代建设者们为康养福地继续在山上山下努力谱写的美丽诗篇。

在春光明媚的早晨，北山丁香花独特的馨香，会唤醒一座城的静谧。太阳从东山之上升起，将一大把一大把的金子毫不吝啬地撒在牛头河上，波光闪闪的河水把生命的脉动传向沿岸，岸边田地里的庄稼笑纳了和煦的温暖和清凉的赐福，矮矮的青苗泛起小麦的秋波，暗暗向山上的花儿含羞致意。山风奏响了青春的凯歌，丁香花紫色浪漫和白色圣洁的明眸，注视着每一位热爱生活的人。

看吧，穿着华美服饰的游客，寻觅和捕捉丁香婀娜身姿的妖娆，他们燃烧着岁月激情的热浪，在一个个数码字符下被清晰地曝光。他们洋溢的花一样的笑容，是山清水秀的清水城今春最富足的表情。

丁香花在北山上翩翩起舞，油菜花在南山上婆婆欢歌。

牛头河把欢声笑语告诉了渭河，渭河告诉了黄河，黄河告诉了太平洋，太平洋告诉了全世界。

静水深流的牛头河昼夜不息。它清澈的质地，是轩辕子孙的性格；它宽阔的胸怀，是南山土塬的气象；它闪烁的金波，是康养福地的魅力。牛头河不仅为北山上的丁香放歌，更为南山上的油菜花欢唱。

南山之上，亿万年前，盘古用神力造田，平整的土地，被高高举起在山巅——塬，成了清水数千年来的沃野良田。深厚的黄土层，饱纳星辰挥洒人间的热泪，源源不断向它的宠儿输送能量。一片又一片油菜花，正在塬上深沉的土壤里演绎金色浪漫。它们特有的清香，正在把清水的南塬变得丰饶馥郁。

油菜花香，丰腴甜蜜。它的香，低调含蓄，蕴藏巨大的能量；它的香，是种子或者果实的前奏，漫不经心，自由自在。它的花和它的香，并非本心高调的宣示，却在不经意间成就了一片黄绿相间的海洋，像曦光里的碧波，像银河中的钻石，在清水南塬错落有致的黄土中，显得极为壮阔。

塬上的风撩拨着花海的心弦，层层波浪掀动着蜂群如逐浪的勇士，它们正在为女王效忠天命，锚定了塬上花开的时间，把一浪又一浪的香甜滚落在小小的躯上，往返在花海与蜂箱之间。

新修的马路涂上了红色、蓝色的油漆，如天上的虹映照到人间。田埂之间，连起了幸福的通道。想必在初夏的微风中，无数快乐的脚步将踏足幸福之地，赏一片花开，闻一抹花香。怡人的油菜花，必会重开清水的繁花盛宴，刚刚流连在丁香中的你，岂能错过油菜花的邀约？

我在香怡南塬等你来。

# 如画花石崖

　　花石崖位于清水县陇东镇，这里峰峦叠嶂，悬崖陡峭。当地老百姓习惯叫它万紫山。从字面理解，在石崖上盛开的花朵，呈现出万紫千红的景致，定是花石崖投向四季的笑脸。春日，翠柏掩映；夏日，清泉流淌；秋日，姹紫嫣红；冬日，落雪成趣。年轮在美景中变迁，历史在四季中演进。

　　带着对花石崖美好的想象，在某个初冬的上午，从麦积区驱车前往花石崖。大约四十分钟，便能到达花石崖山顶。尽管寒风凛冽，但碧空如洗，山中百鸟啾啾，林间溪水潺潺，干冷的空气夹杂着沉寂多日的泥土的芬芳钻入鼻孔，让人顿觉心旷神怡。从山顶沿着木制台阶蜿蜒而下，两旁的山崖触手可及，让人仿佛置身于水墨空间。即便百花凋残，但如画之山的魅力丝毫不减。寒风摧枯拉朽，花石崖脱去往日霓裳，留下或黑，或灰，或黄的颜色。一枚枚干枯的树叶，一条条萧索的枝杈，它们何尝不是在春天里苏醒，在夏季里葳蕤，又在秋天里换装。我分明能够想得见那姹紫嫣红的景致，那绿色浸染的生机。

亿万年地质变迁，造就山体崖面如神笔泼墨，自然天成，花石崖名副其实。崖柏、豹纹榆等各种树木花草附生于石山之上，生命的力量迸发神奇，坚韧不拔。政府投入巨资修建的木制台阶，曲径通幽，百转千回，掩映在崖谷之间。沿台阶上下，空气馨香，静谧空灵，人在山中走，心在画中游。山上寺庙香火旺盛，山下道观洪钟悠扬，寺庙和道观，依山而建，为一座如画之山平添几分神奇。如画之景，在神灵的香火和佛光的映照中，等候每一位凡夫俗子虔诚而热烈的心。

花石崖历史悠久。相传唐代以前，就建有庙宇，北宋重修二台玉皇殿，现存明清石窟二处，内有彩塑、壁画和雍正岁次丙午题匾"非人间世"。花石崖按地势分为东崖、西崖，上有凤凰头，下汇三岔口，中有三仙台。东崖峰峦起伏，石崖重叠，向上倾斜，悬崖峭壁上有一石洞，名曰"黄木狼洞"，洞口约3米，地形险要，洞深莫测。西崖壁立千仞，离奇古怪，崖壁巨石上有一处呈现淡黄色，光滑明亮。每当夜幕降临，明月东升，其石闪闪发光，犹如一轮明月悬空，取名月亮崖。北端山崖隆起，圆顶兀石，形似凤头，纵观四野，恰似雏凤临空，遥望渭水，故名凤凰头。山下东西峡谷，飞流激响，幽境怡人，小溪三条汇合，故名三岔口。所有建筑物都依山势，逐台修建，可分为磨针殿、大殿院、玉皇顶、雷音崖四大部分。磨针殿内有隋代塑像二尊，均为明清作品，为观音点化、祖师修道之形象，造像生动逼真。两侧壁画为太子游四门、祖师成道图，线条细致，色艳笔畅，均为明清作品。第一台是一进二院。前院门楼是一座木结构牌坊，上书通仙阁，接着是廊，名曰通仙桥。过了通仙桥，沿着石阶而上有静石台。进入大殿院，北为老君殿，南有灵官殿，东为药王殿，西是三霄殿。二台是祖师殿。殿前是一刀切齐的悬崖峭壁，高约百丈。从玉皇殿侧沿谷而上为三台。财神殿、三官楼依岩雄立。三官楼有清代塑像三尊。楼下沿石缝而上，崖顶有一平台设三清殿。

从谷底沿山而上，有一巨石平地而起，高约50米，顶阔而平，大约有10平方米，上有天水书法家毛惠民先生书写的"补天石"三字。相传盘古开天用四根"不周山"大柱子支撑天地，共工与颛顼争夺帝位将不周山撞倒，天地裂了一条大缝，女娲氏在高山上架起神火，炼了36501块五彩石把天的裂缝补了起来，砍大鳌腿支撑天，从此天地就永久牢固了，而有一块石头遗落此处。

登花石崖，季节从来不是问题。我有幸踏足此处，正是带着对一座如画之山的虔诚，只需在某个转弯处闭眼聆听，就能听见庙宇传来的诵经之声，就能听见山鸟欢快的呢喃，更能听见心跳如季节轮转的针音。

大约两个小时，便能从山顶徒步于谷底。同行的朋友说，花石崖一年至少要来三次，一次是初夏，闻春谷幽兰；一次是仲秋，看万山红遍；一次是隆冬，赏银装素裹。

瑰丽的景色，与花石崖所处的地理位置不无关系。

"北依关山望秦岭，花石斑驳殿堂隐。"秦岭南屏，关山北固，滔滔渭河东西横贯，山光水色，奇景迭出。秦岭作为中华文化的父亲山，从西至东，绵延三千余里，将辽阔的中原大地一分为二，而黄河、长江犹如两条巨龙，浇灌出中华文明的茂密葳蕤，欣欣向荣。花石崖往北，正是雄伟的关山，往南，便是苍莽的秦岭，山下渭河蜿蜒，在两座山和一条河的滋养呵护下，花石崖有了万紫千红的色彩和佛道神性的光辉。每年农历二月十五日，是道家学派创始人老子诞辰之日，花石崖大殿院香烟缭绕，周边村民络绎不绝，听戏看景，祈愿安康，煞是热闹。

一方水土养一方人。一座如画之山，必能孕育伟大先贤。距花石崖9公里处，有一村名曰：尹道寺村，正是尹喜诞生之地。尹喜，亦称"关尹子"，自幼好学，善观天文，精通历法，习以伏羲"仰观于天，俯察于地"之哲学奥妙，览山川秀水，莫不洞彻。其后在任函谷关关令期间，一日见紫气东来，便推测必有圣人将至，接着见一鹤发童颜长者驾青牛板车过函谷关，便知必是圣人，迎入官舍，以师圣而求事之，百日后，辞关令，迎老子李耳归楼观之宅，并邀请圣人著书，一部五千言《道德经》就这样诞生了，《史记·老子传》曰："子将隐矣，强为我著书。"尹喜的出生地与花石崖举步之遥，尹喜童年的欢歌笑语，想必在花石崖的山间回荡。奇特瑰丽的山崖，为一个圣人幼小的心灵植入了"天人合一"的思想，启迪了他探索世界万物的智慧，在随后的求学造诣中，成为从天水走出的思想家，后来偶遇老子书就《道德经》，真乃功不可没。

一座如画之山，经得起世人目光的检阅，它犹如泼墨的山体，姹紫嫣红的山林，香火旺盛的寺庙道观，足以吸引每一位热爱自然、热爱文化、喜欢踏足者的脚步。

# 温裕之泉

沿着牛头河谷蜿蜒的国道566线向北，两旁的群山高低起伏，层峦叠嶂。开山修路时用铲车或炸药撕开的断面上，岩石青筋暴露，似是述说亿万年地质变迁的沧桑岁月。山上绿树成荫，郁郁葱葱，没有那些裸露的截面，很难想象这些树木是扎根在坚硬的岩石缝隙之中。它们历经风雨雷电的侵袭和冰霜雪冻的摧残，依然在四季轮回中发芽、茂盛、凋谢再到复生。不放过任何一个缝隙，不浪费任何一滴通过毛细作用上升的水。只是它们无法像一条河流一样，动身去向远方。它们只在阵风中向河水投去羡慕的目光，趁机把自己如先锋战士的叶子抛向河水，侦查群山之外的世界。

群山绵延百里，河水由北向南。溯流而上，在一个九十度的大弯过后，眼前的平川——清水城，是陇山脚下的一颗明珠，历经朝代更迭，岁月变迁，依然熠熠生辉。它们也许经历过大河的冲刷，也许经受过板块的再造，平阔的土地向四周蔓延，在上坡之上，隆起了平坦的塬，平川的身影在山顶上延续。南北两山笑纳着牛头河泛起的金波，辉映一座神话之城、文脉之城、英雄之城经久不息。这座城因轩辕黄帝出生的传说变得神秘久远；这座城见证了周朝大夫关尹子远望紫气东来而留老子著述《道德经》的文脉奇迹；这座城见证了秦人先祖牧马生息、发展壮大而东进关中的峥嵘岁月；这座城见证了少年赵充国习武练兵、闻鸡起舞而后南征北战取得赫赫战功的英雄壮举……

清水历代英雄辈出、圣贤殊伦，这离不开一方水土的滋养和孕育。深厚的黄土层，平坦的黄土塬，还有遍及峡谷的泉水如土泉、清泉、文泉、义泉、莲泉、温泉等，深藏地下的水沿着地壳岩石的间隙，汩汩涌动如生命的勃发，在重见天日的一刻，把天赐的清凉或温暖送达人间，加入一条河的喧嚣，作为水的光荣使命从此岸流过彼岸。汩汩泉水奏响生命的乐章，奔腾起了动人的赞歌。这些涌动的泉水中，最为有名者乃是温裕之泉——温泉。

从县城东头，在一条叫汤浴的河汇入牛头河的拐点，往北约三公里，即到温泉。汤浴之河，已经向人们昭示温泉的存在。汩汩温热的清泉，连同清水人的热情，奔涌千年，永不枯竭。

时光回溯一千年，宋朝的才子们发现了清水，在《太平御览》引述"《三秦记》云：'其坂（指清水县所处古陇坂，俗称关山）九回，七日得越，上有清泉，四注而下。'下有县，因此而名"。可以想见，那些风流倜傥的才子们，当年翻过陇坂，花七天时间，从遥远的皇城抵达清水城，探访清泉四注的景致，探寻由此得名清水的玄机。他们一定不会放过那一眼温泉。汤浴河旁，温泉涌出，汇成汤池，躺卧其中，洗去尘埃，退却劳顿，温泉成了旅者解除疲劳的SPA。他们在温泉中体会这种来自地下的神奇之水，他们无法用现代物理的知识去解读一眼温泉的由来，只得投以神圣的目光和虔诚的内心，为一眼泉，立一座庙。

时光打落了宋朝的繁华，一剪明朝的气象。泉涌四季，不减一分。明崇祯十五年（公元1642年），当朝的才子们沿着先贤的足迹，折服于这一眼温泉的魅力，在温泉旁修庙一座，曰：龙神庙，立碑一通，诗曰：

水性原皆冷，此泉何独温？

天留千载泽，池贮四时春。

善洗身心病，蒸销眼耳尘。

　　好乘天际马，洒鬣暖吾民。

　　好一个天留千载泽！此正是轩辕造化开灵泉，汩汩热水流万年。当年李白在淮南道安州应城县泡洗温泉，留下名句"神女殁幽境，汤池流大川。阴阳结炎炭，造化开灵泉"。仙女仙逝于此幽谧风景之地，化为温泉像大河一样流淌。阴阳之气在此激荡，如同炭火熊熊燃烧，神工鬼斧造化出这温泉。李白先生没想到的是，距他当年所泡温泉一千公里外的清水城，有一眼水温更高、水质更好、环境更优的灵泉，期待着他的光临。然而，这一等，就是一千二百年。

　　时光的刻刀已让那诗碑满目斑驳，当年的龙神庙也消弭于历史的云烟，而那天赐神泉还在汩汩流淌，汤浴河蒸腾起的"天际马"是李白笔下的仙女，也是李悦心（明陕甘巡按御史，立诗碑者）碑文中的天泽，这一切灵气，都与一座主打康养之城的轩辕故里产生着千丝万缕的联系。平坦开阔的轩辕大道让牛头河继续见证着千年古城的神采。温泉所在处，建有宾馆酒肆，泉水入室，窗外群山环抱，环境悠然。按照现代物理方法，检测出温泉中有益矿物质众多，而达53℃的高温，在国内甚少，特别是锌元素含量为全国之冠，乃得名"生命之花"。

站在牛头河畔，远望金波闪烁，透过漂浮的水汽，仿佛能穿越时光的阻隔，此时，若有唐朝的诗人、宋朝的才子、明朝的佳丽莅临清水温泉，将会是怎样一副热闹场景呢！他们定会折服于轩辕造化开灵泉、清水汤池流大川的神奇韵致中。

# 花样清水

我曾在雪花覆盖的河堤，看封冻的牛头河在雪被下闪烁的银光。银光之上，冬天用晶莹剔透的纯真向大地做深情的表白。那是新冠疫情反复的时段。正常的生产秩序被扰乱，机器停转，公司关门，员工放假。时光如凝滞般在看不见摸不着的病毒的作乱中挣扎，每一刻让人惶恐不安。回想当初，一时善念接盘了一家倒闭企业，那天签完协议，老板予我一个拥抱。他穿了两个月浸透着油腻的衣服表征着创业失败债台高筑的处境，在濒临崩溃的边缘，因我们的收购而脱离苦海，成功上岸，信佛的他用"缘"字做了全部的注解。我言他，现在所有的压力都是我的，做不好，我像你一样，可能跳入对面的牛头河。话虽戏言，但透射着创业难以预测的风险。这样的风险在遭遇新冠疫情时，以最短的时间就出现了。疫情三年，工厂建设了三年，时断时续，艰难如蛇形，饱尝辛酸味，但依然要保持乐观的样子，恰如被雪花覆盖的大地，表面朴素简单，里面暗流涌动。轻盈的雪花漫天飞舞着，坐落在牛头河畔的公司门外，国旗和公司旗在风中狂舞，它们似乎在与冷风进行顽强抗争，就像刚刚经历过刀割般的岁月。每当看到那旗帜飘扬，心中总能燃起希望，冬天到了，春天还会远吗？

的确，春天总归还是来了。2023年的春天似乎格外可爱。当我们受困于躲避病毒的恶性循环之中似乎看不到希望的时候，突然在一个时间，我们用肉身向病毒发起了总攻。如同生命的分娩，虽要经历难挨的阵痛，但当生命诞生的一刻，刚刚所经受的疼痛又算得了什么呢？就像光临大地的春天。来自东南的风抖落了牛头河畔柳树梢上最后一片雪花时，冬天的刺骨已化进了春天的温柔。北岸山坡上的丁香探出米粒般的花蕾，紫褐色缀满枝头，沉甸甸的，像要把整个春天的讯息告知人间，这是季节的轮回，也是生命的勃发。站在丁香花园中，俯瞰县城，车水马龙，祥和安然。公司的场地和楼房尽收眼底。朋友说，可以在楼顶放四个大字"兆达农业"，我仔细预算，一个字三米见方，安装在楼顶，预算不少于六万元，便搁置下来。疫情三年，企业受困，能艰难运转下来实属不易，当下，需要精打细算，让产品像紫丁花一样长满丁香结，才是这个春天最优的方案。不仅企业，整个清水，也趁着丁香花开，把希望播种在春天。

盛大的丁香旅游节在丁香园里举办了。紫色地毯，紫色背景，紫色丁香，世界似乎沉浸在紫色之中。作为政府举办的活动，宣传展板的主色调选用紫色是鲜有的。但作为较特殊的颜色之一，紫色寓意美好。这种美好在于它的物理属性，紫色是可见光中电磁波最高频的部分，代表高贵。古人虽然不懂现代物理，但依然把心目中最高贵的北极星命名为紫微星。深谙此道的，莫过于清朝贵族。1644年，多尔衮的铁骑越过山海关，直达北京城，从此开启了大清二百六十八年帝业，把象征皇权的深宫宅院命名为紫禁城，一个"紫"字，足以昭示王朝内心自诩高贵的精神诉求。当一座城用丁香花的颜色——紫色去诠释它的魅力之时，就已经掀开了一幅高贵的、生动的画卷。

相对其他环境优美的县域，清水算是后起之秀。较少的工业制造避免了对环境的侵扰，事实上保护了清水良好的生态。作为天水北部花园式县城，主打康养、旅游，彰显闲适、悠然，借着春风，凭着丁香，以花为媒，邀约世人，来清水一览锦绣，可谓一枝独秀。春天驾到的清水城，北山深厚的黄土层终于等到了它的主人。疫情的阴霾散去，丁香花开。城市的春天，变成了明媚的紫色；城市的味道，弥散于丁香花的馨香中。那时，我写下《丁香开时，赴一场繁花盛宴》，作为投资清水的创业者，很乐意看到清水满山满坡的丁香花，这是美好的预兆，也是幸福的颜色。我不止一次地徜徉在丁香花海，我愿意嗅着春天的味道，思考企业的未来。经历过严寒的洗礼，树木会变得丰盈茁壮；经受过疫情的侵袭，企业也会变得坚韧顽强。每当看到那满树的丁香，心中便会升腾起明媚的希望。

丁香花节的热闹打破了城市的宁静，久违的繁华充盈着城市街角。一天，朋友发来一句上联，曰：今日公园昔日泉东灌泉西灌泉东西灌泉灌东西古今蝶变，让我在半小时内对出下联。彼时，我正在北京的出租车上，一面跟司机畅谈疫情三年对生活的影响，一面想着下联。就在下车前，我发给他，曰：往时北山今时香紫丁香白丁香紫白丁香耀白紫中外闻名。相对于上联，我对的下联显得苍白，但也算按时交付。又过几日，他发来一幅书法作品，上书这副对联，仔细看，乃马越垠先生创作。清水多泉，素有清泉四注之美誉，上联有东灌泉、西灌泉，下联有紫丁香、白丁香，泉、花顷刻相依，丁香已然成为清水的宠儿。

丁香花盛开的春天，转瞬即逝。朋友说，南塬的油菜花开了，去看看。我听从他的建议，驱车前往。那是初夏的下午，一场轻柔的夏雨洗去了尘埃，天空中没有消散的乌云尚在留恋人间的热闹。出县城两公里转至南塬，彩色油漆涂刷的公路让人心生明快，过了这些公路，眼前金灿灿的花海，顿时让人恍若隔世。长在北山上的丁香花，婀娜多姿，形态千秋，而在南塬上的油菜花，却像大地的毯子，在平整的塬上铺开。远望，如同高山上的花湖，夏风拂过，漾起波浪，从南到北，香风阵阵，钻入心田。我对油菜花并不陌生。小时候跟母亲种地，收割完小麦的地，往往会在白露前种上油菜。油菜的籽微小，撒种时得拌合上细土。那些微小的菜籽，将赶在冬天来临前发芽，而后把稚嫩的叶芽屹立在寒风的凛冽之中，几个叶片匍匐在地面，减少风阻，只待春天来临，蓬勃长大，只三四个月的工夫，长到齐腰高度，然后抽穗开花，成为最美丽的庄稼。南塬上的油菜花跟我小时候耕种的一样，它们趁着春风夏雨，开花结籽。不同的是，它们被有组织地耕种，集中连片，形成一眼望不到头的花海，在成为油料作物的同时，变身多彩的景点。阔地中央，正在搭建观景台，高约十米。想必攀援而上，站在平台，就有一种油菜花王的威仪，眼下的油菜花，如集结的阵列，随时听命王的号令。俯瞰油菜花海，做几秒王的美梦，大抵能满足游人的眼欲。若再置身于油菜花旁，花团锦簇，把馨香的明黄与灿烂的笑容转成数码像素，发于微信圈，就能完成游览的作业，想必也是一件美事。花开有期，香怡南塬等你来。我写下《花香塬上》，作为半个清水人，愿意把半个家乡的美丽，说出来。

作为三年没有好好看花的人，不会放过今春今夏的美丽。今年的夏日格外热，今年的景点也格外热。很多人说，疫情三年快憋坏了。我想，这是疫情后生命的礼赞和狂欢。我们已经错过了三秋，生命不会以任何方式补偿曾经的逝去，唯有抓住此刻的光阴，便是对生命最好的慰藉。

夏逝秋至，天高云淡。清水的季节分明到节气的时点。若有闲心观察，就在立秋的当日时分，置身自然，观察天象，季节似乎会以秒为单位进行交接。前一秒还是闷热的夏末，后一秒已是清淡的初秋。此时，若能走在清水广阔的田野，定会被那橙色的美丽所吸引。

那天，我驾车去山门镇，河谷、山坡，广泛种植着万寿菊，出于好奇，要一探究竟。一查才知，这种植物乃是舶来品，原产于墨西哥，欧洲人命名为"金色的玛利亚"，十六世纪传入中国，清代陈扶摇在《花镜》中将其命名为"万寿菊"。信奉基督教的国家，用耶稣母亲的名字命名一种花，足见其在人们心中的地位。陈扶摇先生命名为"万寿"，因其适应性广，生命力顽强如也。如今，根据字面意思进一步可以理解为"万民健康长寿"，这样寓意的植物，种植在主打康养的清水，再合适不过了。万寿菊花瓣繁多，花朵如球，其富含叶黄素，花朵通体黄亮耀眼，清水推广种植万寿菊，把普通的耕地和荒山慢坡变成具有商业价值的经济作物种植园，实乃幸事。清水在种植万寿菊的同时，又引进了一家万寿菊加工企业，提取叶黄素，使得花有所用，既美化了环境，又增加了收入，可谓一举两得。

　　清水的用心，在于倡导的三季有花，四处有景。邂逅了今年春天的丁香，夏天的油菜花，秋天的万寿菊，花样般的清水，会把紫色的高贵、黄色的浪漫、橙色的热情长久写在人们的心间。

# 五月槐花满山坡

清水的夏，定是在槐花飘香的时光里到来的。

远远望去，就能瞅见南塬上的槐树。满山植被在春雨的滋润中已经变得翠绿欲滴，郁郁葱葱。山上最多的植物当属槐树。大的扶摇参天，小的贴地丛生，俏皮的扎于悬崖。不用细瞧，只要打开窗户，阵阵槐花香，瞬间从窗户钻入室内，充满全屋。

寻味而将目光放远，在夏日晨曦中，一串串白色的槐花缀满枝头，与嫩绿色融合成朴素、纯净、素雅的花海；

还有更为鲜艳的紫红色槐花，盛开如紫藤，姿态更娇媚。或白，或紫，满山坡变成了槐花的世界。站于露台，极目眺望，四面环山的秦州城，已被漫山遍野的槐花编制成了一个巨大花篮，怒放的清香，弥漫在每条街道，钻入每个鼻孔，香透了整个城市。

人们并不满足于鼻子里的槐花香。早起的晨练者步行于盛开着槐花的山坡小道，活动筋骨，强健身体，循着那缕缕清香，钻入槐树林里，迫不及待地将下一串串白如雪莲、香似茉莉的槐花，大拇指与食指间，一朵朵开放的、含苞欲放的花朵花蕾顺着指尖落入手掌，汇入袋子，一会儿工夫，满袋槐花，成了夏日清晨额外的收获，将天赐花朵带回家，只为了一顿美味。

将槐花简单淘洗，白色槐花和面粉不期而遇，加水，搅拌，面将粒粒槐花团团裹住，如同穿上了纱幔。锅中的水已沸腾，包裹着槐花的面团，在水蒸气的撮合中，完美相融，花香沁透面团，造就一道天水夏日美食——琼馍。在热的胡麻油中加葱段爆炒，清甜四溢，香味扑鼻，令人垂涎欲滴，尽尝天然美馐。

同样，槐花的香气吸引了甜蜜缔造者们。放蜂人和他的小精灵绝不放过槐花盛开季。在槐花满山的树林下，蜂箱依次摆放，简易帐篷就是放蜂人的家，也是蜂蜜加工坊。周围的槐树林，成为蜜蜂们的圣地。一群群精灵扑向槐花，沉浸在一片香甜中，采撷的花蜜，终将在放蜂人灵巧的双手里，变成滴滴澄澈的蜜中贵族——槐花蜜，充满家家户户的蜜罐。

香气，美馐，甜蜜，是槐树的杰作，也是城市的自然香氛，就像姑娘扑点的香甜味安娜苏或柔情香奈儿，衬托佳人气质一样，槐花为一座城增添了无穷魅力，一香千年。

# 烟火清水

## 扁食

　　说到扁食，就很难绕开馄饨。按照逻辑关系并不清晰的发展线推断，馄饨在扁食之前出现。说到馄饨，至少有两个颇具深意的传说。一说，万物肇启，天地混沌，馄饨一词便来源于此；二说，汉朝时，匈奴部落中有浑氏和屯氏两个首领，十分凶残，百姓对其恨之入骨，于是用肉馅包成角儿，取"浑"与"屯"之音，呼作"馄饨"。恨以食之，并求平息战乱，能过上太平日子。关于第一种说法，用一种食物洞穿隐喻宇宙的神秘和万物的法则，可谓以小博大，这符合中国传统文化"天人合一"的思想，天地与万物，宏观的宇宙与微观的世界，乃和谐统一、阴阳平衡。而第二种说法，让美食附带诅咒，多少有点残忍。想当年匈奴屡屡犯境，中原的官兵们常年在前线征战，他们要吃一碗热乎的馄饨可谓难上加难，也许只有王朝的达官显贵才能享用馄饨，也许他们祈祷保持江山稳固，保住他们的荣华富贵，至于前线士兵能否吃上馄饨，并不重要。

中国南北饮食差异巨大。就连馄饨之名，也有多种。比方广东人叫云吞，四川人叫抄手……凡此种种，投射出文化与习俗的千差万别。尽管名称异彩纷呈，但对于馄饨这样一种美食的组成，基本类似，可分为两部分，一部分是面作皮，包裹着馅；一部分为酱醋佐料、肉汤、卤汁等。因着馅拌合的不同和汤汁的不同，组合成了各色美味，并逐步被叫作水饺、扁食等。比方成都红油麻辣抄手，薄又透亮的面皮包裹肉馅儿，浇上红油或肉汤，麻辣鲜香。比方上海清汤馄饨，皮薄馅大，汤汁清亮，既有肉的丰腴，又有汤的鲜美。西安酸辣水饺，韭菜与肉做馅，配以肉汤，撒上些许韭菜，加醋和辣椒，酸辣爽口。饺子在东北，是一种十分重要的主食。大冬天冻一冰箱，吃时煮上几盘，再配以醋、酱油、蒜、辣椒等佐料蘸食，可谓美味爽口。到了清水，不得不说一说清水扁食。

清水扁食是当地最知名的美食之一。大街小巷，坐落着无数售卖扁食的饭馆，就像兰州街头的牛肉面馆。扁食店往往不大，后场前堂，两三个厨师和服务员，一般可同时容纳十几个人吃饭。店里一般只售卖扁食，除了分荤素和大小碗，再无配菜。

首次吃扁食的人，多半会被清水扁食的特点所迷惑。按照传统美食的构成，扁食是由面皮和馅组成的。但在清水扁食中，馅不见踪影，只有面皮被手工折叠成扁食的样子。没有馅的扁食，成了清水扁食独有的特色。本地人多称其为"瞎扁食""空气扁食"等，以此来揭示扁食无馅的本质。

我不知晓无馅扁食的来历，史料记载也鲜有提及。就食客而言，来一碗清水扁食，在折叠的"瞎扁食"上浇上一勺肥厚的卤肉臊子，或牛肉，或羊肉，或大肉，顿时，那些"瞎扁食"隐匿在大块卤肉肥美的汤汁中间，加醋和辣椒，一碗地道的清水扁食便能让游客感受独一无二的味道，也能让游子的心从遥远的他乡回到清水。若是不带着固有的偏见甚至偏执去享用一碗清水扁食，卤肉汤汁折叠面可满足从味觉到营养的需求。但实在的清水人，一定要给外乡人介绍扁食无馅的特色，免得以为上错了餐或者偷工减料。我第一次在清水吃牛肉扁食，旁边的清水朋友也向我介绍无馅扁食的特点。我十分纳闷，问朋友是否从小时候起扁食就如此，朋友说，不仅他小时候，从他爷爷的爷爷开始，从很远的时候开始，清水扁食就无馅，但无馅的扁食从不会在卤肉臊子上偷工减料，一定要选上等的肉品，慢火炖煮，汤浓肉烂，辅以独家秘制香料，为食客呈现美味的扁食。于是，遍及清水县城的扁食店，可谓家家不同味，店店不同道。形成了极具特色的地域美食。

有一次吃饭，我提及清水扁食，在座的一位大哥说，清水扁食确实好吃，他当年在清水工作过几年，每天早晨都是一碗扁食，从东头吃到了西头，现在长时间不吃，还有点想。这是我第一次在清水以外的地方听到对清水扁食的赞美之词。我问他，若是把肉馅加进清水扁食是否会更好吃。朋友说，清水扁食卤肉肥美，足以衬托无馅扁食，若再将肉馅包裹其中，岂不是肥上加肥，反倒让食客觉得肥腻过分。

朋友的话为清水扁食做了注解。也让我想起了小时候奶奶常说的名言。过年，是农村人最重要的节日，多脂肪的食物在年中更加丰富多彩。奶奶常说："福不可同受，油饼不可下肉。"意思是过年炸的油饼必须要单独食用，不能将它和肉放一起食用。油饼和肉都是农村人心目中的山珍海味，这些顶级食材，不可以一起吃，表达了农村人对欲望的节制。回到清水扁食，我突然明白了这样一个道理，卤肉以极其丰腴肥美的特质，为扁食带来了丰腴的内涵，而去馅后面皮的素雅清淡，与汤汁形成有益的补充，可谓丰俭平和，浓淡相宜，实乃具有智慧的一道美食。

# 锅鲰

清水人的记忆里，有一种彻头彻尾的清凉美味，能将暑热从体内赶出，饱了肚皮，凉了身体，慰了食欲，三全其美，不是冰镇啤酒，不是冰棍雪糕，而是锅鲰（音zōu，意小鱼）。

左手抓一把面，在滚烫的开水锅上上下筛动，右手执筷，顺时针方向在锅中画圈搅动，保证面不结块，受热均匀，这将考验一个天水人制作锅鲰的手艺。或玉米面，或荞面，间或加一些小麦面粉、玉米淀粉，在热水里完成糊化，变得黏稠，慢火加热，水蒸气不断冒出，在最好的稀稠度停止，等待冰火两重天的洗礼。

一大盆事先放凉的开水，将接纳一条条鱼儿的贯入。这些鱼儿，是在一个叫作锅鲰马勺的器物里涅槃的。

陶制的马勺，壁厚约五毫米，有几十个直径约一公分的孔，将面糊舀入其中，能够缓慢流动的面糊，在重力作用下，透过勺孔，瞬间变成两头尖、中间圆的橄榄形面鱼，在凉开水里温度迅速降低，成型，变成一个个黄灿灿、白花花的鱼儿。面糊太稀，鱼儿容易变成蚯蚓；面糊太稠，又成了面疙瘩，稀稠全靠感觉，形状全凭经验。能做成一锅漂亮的鱼儿，是天水女性麻利灵巧的标志。

鱼儿们在盆里遵循热力学第一定律缓慢游动，完成温度的传递，迎接它们的是另外一盆凉水，如此三番，鱼儿表面的淀粉糊被洗去，温度降低，变得更加光溜溜、圆滚滚，安静地等待汤汁的加持。

汤汁或为调醋的。土豆、豆角、西红柿等时令蔬菜，经蒜瓣炝锅，高温爆炒，细火慢炖，西红柿化为汁，土豆入口即化，豆角脆嫩爽口，各自释放天然的清香，盼望鱼儿的遨游。

或为浆水的。酸菜浆水用葱炝锅，煮开放凉，添加些许炒韭菜，期待与鱼儿遇见。

两种味道，让冰凉的鱼儿再次欢跳。主人将漏勺伸入盆中，平静即被打破，一条条鱼儿"落网"，沥干水分，带着玉米面或荞面清甜的味道，潜入汤汁中，在辣椒油、蒜泥等火辣味道的助力下，面鱼的味道达到极美，纳上舌尖，滑入口中，来不及咀嚼，已钻入肚中，只留下满齿香味，不觉打个激灵，浑身舒坦。

一碗锅鳅，活脱成味觉杀手，瞬间击溃炎热侵袭，嘲弄盛夏炙烤的狰狞，让清水人的生活赢在美味的清凉中。

# 浆水面

入冬，对于生长在清水农村的包包菜来说，最好的归宿就是跻身于缸中。

约六十厘米口径，一米多高的陶制缸，是腌制酸菜的极好物件，也是农村每家每户的厨房标配。一颗颗包包菜被切丝，煮熟，降温，置缸中，与缸中饱含乳酸菌的浆水相遇，包包菜在乳酸菌的作用下，华丽变身，成为天水的美味——酸菜，菜酸，汤鲜。比待在地窖里等待或炒或煮的包包菜来说，多了一分滋味，添了一分情怀。

一大缸酸菜，足以成为一家人冬季的蔬菜来源之一。发酵过的酸菜饱含乳酸菌，能改善人体菌落平衡，酸菜和浆水的味道，激发食欲，满足口腹。当压着青石板，结结实实一缸酸菜逐渐减少，缸外的冰雪开始消融，酸菜缸也迎来它的春天。

　　已经空了半截的酸菜缸，迫不及待地向野菜张开怀抱，荠荠菜、苦苣菜、苜蓿菜……你方唱罢我登场，轮番上阵，酸菜缸里热闹非凡，混合各种野菜的浆水，把春天的味道酝酿得更加醇厚。

　　一缸酸菜，迎来送往不同的时蔬，让季节的味道，浸透着春夏秋冬，在出出进进的酸菜与时蔬之中，成就一碗碗浆水面、浆水汤、酸菜饺子、酸菜馓饭……天水人的生活，在酸菜缸里浸泡得十分殷实。

　　真正当面和酸菜相遇，一碗浆水面，就变成了富有灵性的美食。赋予它灵魂的，是家人浓情的期盼，和游子归家的渴望。游子回家，厨房里散发浆水的香味，成了接风洗尘的最好礼物。

滚烫的菜籽油或胡麻油，快速萃取葱的味道，在葱段稍变焦黄时，将酸菜连带浆水一同倒入锅中，煮开，炝好的浆水，因为油脂的加入，素洁的味道变得醇厚，酸爽味更加柔和。

炒制的新鲜韭菜，为浆水面增添了一抹绿色，韭菜的香味加入浆水面之中。

最好的面当属手擀面。父母家人早已将小麦面醒好，面粉与水充分融合，面中的淀粉成了网状，在擀面杖的力量下，面饼逐渐变得又薄又圆，娴熟的菜刀下面，根根或细或宽的面条，等待下锅。

炝浆水，炒韭菜，手擀面，久违的味道，新鲜的蔬菜，筋道的面条，顷刻间，一碗浆水面，让味觉回家，让心的旅程抵达港湾。

即便不是游子，一年四季变化多样的酸菜和浆水的味道，也能成为百吃不厌的地方美食，甚至，这种味觉的习惯，也能让一碗普通的浆水面，荣登大雅之堂。

清水各大酒店，不论主打粤菜还是海鲜，总会有浆水面在宴会临末，压轴出场。前半段还是鲍鱼龙虾，酒过三巡之后，忘却了美酒佳肴，一碗朴素的浆水面出场，秒杀来自天南海北珍馐美馔的滋味，那酸爽无比的味道，洗脱半晌的肥腻，消除一身的酒气，让迷糊的心绪重归清晰，一场宴会才算真正结束。

如今，酸菜缸越变越小，浆水甚至被制作成小袋包装的商品，但不变的是，清水人对酸菜和浆水的味觉记忆，通过浆水面传递爱。一碗浆水面，足以成为游子的乡愁、宴会的压轴。朴素而饱含浓情，简洁却不失本色，这就是清水人的浆水面。

# 馓饭

小时候，当奶奶站在锅台边，一手抓面筛动，一手拿长把木勺在锅中搅动，我知道，又要吃馓饭了。

我是赶在农业合作社尾巴出生的，三四岁的记忆里，大人们碗里更多的是馓饭，而我常常会受到特殊待遇，奶奶用家里不多的白面为我开小灶。

积贫积弱的新中国，日子苦得如黄连。能有吃的不被饿死，已经是幸福日子了，能吃上白面简直是奢求和妄想。在那些日子里，生活所剩不多的一点甜，基本来自玉米面，虽然比不上小麦面好吃，但比高粱面更加适口。

如何做好一碗玉米面的饭，是天水人久传的厨房秘籍。玉米面味甜，粒粗，淀粉链短，容易断裂，不能像白面那样柔韧筋道，做成长长的面条，却能够在热水里糊化，变成一碗饱含热度、味道香甜的馓饭，这成了天水农村特别在冬季的常规饮食。

在艰苦的日子里，馓饭是一家人救命的主食。无需下饭菜，只要在快煮熟的馓饭中，捞上几筷子酸菜，加点盐，就成为一碗面菜兼备、酸甜爽口、热气腾腾的馓饭。端一碗馓饭，蹲在墙角，映着朝霞，日子过出了馓饭的温度，生活里便充满阳光，正如一首描写天水农民生活的打油诗："早上起来打转转，打完转转捣罐罐，捣完罐罐吃馓饭，吃完馓饭晒暖暖。"

吃馓饭是要讲究筷子功夫的。会吃的人，筷子在馓饭边缘层层剥离，小心谨慎如同挖掘一座金矿，馓饭吃完，碗如洗过；不会吃的，筷子在馓饭里胡乱搅动，像误入沼泽的双腿，留下狼藉的深印。筷子上的功夫，是对食物的尊重，碗底不沾馓饭，是对艰苦岁月的铭记。只有经历过缺吃少穿、食不果腹的日子，方能懂得一碗馓饭所蕴含的温度。

这种温度，一直潜藏在天水人的血脉里。尽管白米白面大鱼大肉多了，但对馓饭独特的味觉情感，从未减弱。馓饭依然是天水人生活里不可或缺的重要美食。

如今，吃一顿馓饭，就是一次豪华素宴。六七个炒制的、凉拌的菜品，如同众星捧月般，等待一碗馓饭的出场，小而洁白的瓷碗，黄灿灿的玉米面馓饭，是盛宴的角儿，以自身朴素的品性，荡涤浸泡于肥腻过久的味觉，淘洗精米白面在体内的残留，富含纤维的玉米面馓饭，是新时代健康饮食的风尚。馓饭，从久远的历史中来，曾经为我的祖辈保命立下赫赫功劳，却也成为过剩时代的特殊营养提供者。

　　一碗馓饭，是天水人的真爱。它是贫穷社会的英雄，也是富余时代的宠儿。馓饭蕴藏着能量，提供着营养，也温暖着日子。

# 大夫尹喜

　　距离清水县著名景点花石崖往西约9公里处，有一村名曰：尹道寺村。尹道寺村因诞生过道教创始人之一的尹喜而声名鹊起。尹喜生卒年月不详，但他的出生地是甘肃天水，史料有详细记载。清代《秦州直隶州新志》曰："关尹，雍州邦邑。""而邦"，为天水也，"关尹为邦邑刑马山之渭水北岸也"。《甘肃新通志》《秦州直隶州新志》《天水县志》载："尹喜故里，在县城东三十之伯阳渠山上，山后有'尹道寺'。"《中国人名大辞典》

载："尹喜，天水人也。"大型辞书《道藏·尹喜传》曰："关尹、故里渭河上游，天水也。"民国时期天水大学者冯国瑞先生主编的《秦州新志》载："柏林观盛祀老子之地，又有'讲经台'，山后十余里地有'尹道寺'，为春秋时关令，尹喜故里也。"北魏郦道元在他的《水经注·渭水》里也记载："渭水，又东经上邽城南……渭水又东，伯阳谷水入焉，水出刑马山之伯阳谷，北流，盖李取入西，往经所由，古山原畎谷，往往播甚名焉……渭水东入散关。"郦道元说的"水出刑马山之伯阳谷"与《秦州直隶州新志》关尹雍州邽邑实指天水。从《道藏·尹喜传》《天水名人》《天水通史》等书中可看出，"老子西行主要活动在渭水中上游"。天水除了伯阳"柏林观""讲经台"，不远之处又有"尹道寺"和"教化沟"，这些志书和史料无一不说明尹喜出生于甘肃天水市清水县。

　　民间流传，尹喜的母亲鲁氏在午睡时梦见天将降霄，流绕其身，然后就有了孕。尹喜呱呱落地时，地上突然生出几朵莲花，清香四溢，水汽氤氲。据说尹道寺村当时不叫尹道寺村，出了尹喜才更名。尹喜是一位早慧超常的天才，出生时就伴随着祥瑞之象和异禀天成，他又喜天文、占星之术，其母鲁氏，对其教育甚严，幼时请人教喜启蒙，他勤学善问，少时究览古籍，喜好天文历法。

尹喜，亦称"关尹子"，自幼好学，善观天文，精通历法，习以伏羲"仰观于天，俯察于地"之哲学奥妙，览山川秀水，莫不洞彻。其后在任函谷关关令期间，一日见紫气东来，便推测必有圣人将至，接着见一鹤发童颜长者驾青牛板车过函谷关，便知必是圣人，迎入官舍，以师圣而求事之，百日后，辞关令，迎老子李耳归楼观之宅，并邀请圣人著书，一部五千言《道德经》就这样诞生了，《史记·老子传》曰："子将隐矣，强为我著书。"

尹喜的出生地与花石崖举步之遥，尹喜童年的欢歌笑语，想必在花石崖的山间回荡。奇特瑰丽的山崖，为一个圣人幼小的心灵植入了"天人合一"的思想，启迪了他探索世界万物的智慧，在随后的求学造诣中，成为从天水走出的思想家，后来偶遇老子书就《道德经》，真乃功不可没。

尹喜幼时有异相，眼有日精，无日之表。少好学三皇之书《三坟》、五帝之书《五典》、八卦之书《八索》、九州之书《九丘》、太公之书《素书》和《易经》等典籍。善天文秘纬之术。习伏羲之法，仰观于天，俯察地理，莫不洞彻。他不行世间俗礼，隐德行仁于乡里。其后便涉览名山大川，后于雍州终南山周至县神就乡闻仙里结草为楼，以其楼观星望气，善修内学，深思至理圣道，故号其宅为"楼观"。周天子闻其闲拜为大夫，后又召为东宫宾友，并曾先后做过大散关和函谷关关令。

现今的尹道寺，建筑在村头的一块坡地上，规模不大，土坯房，两间房前后并排，中间形成一个小院。院中有一小龛，供奉土地神，里面房子里供奉着太上老君、尹喜的圣像。房屋殿前悬挂古联一副，"华章九篇入《百子》；经文五千颂《道德》"，对尹喜给予了颂扬和评价。尹道寺村（又名丰台村），在今清水县陇东镇境内，自20世纪80年代起便有尹喜庙。村内现有26户人家，上百口人，居住在山梁上。附近有尹家台子村，村民多半姓尹，当是尹喜后裔。尹道寺附近还有牛涧里自然村，相传为老子隐居放牛之地。

# 庞公石趣

改革开放后，清水有三样东西名噪一时。一是沙棘汁。清水山上多长沙棘，后有一家饮料厂将沙棘榨汁勾兑成碳酸型饮料，装在玻璃瓶中，消暑解渴，过年买上几提，是款待宾朋的佳品。当时清水沙棘汁的流行程度不亚于今天的大窑，只是不知怎的，就在市场灭迹了。二是白酒天河春。当陇南徽县酒厂推出陇南春时，清水县的天河酒厂就推出天河春。当时陇东南地区可谓"二春相争"，白酒市场当时没有今天这么多的品牌，当地人还是更多地认可和购买当地的酒。天水"60后"和"70后"，没有谁没有喝过天河春似乎也是不争的事实。三是庞公石。我感觉清水庞公石是突然出现在市场之中的。当年送礼流行送庞公石，几乎各个单位都要买一方庞公石立于大厅，以显实力和品位。多少年来，我一直对庞公石不甚了解，直至前不久见到了清水经营庞公石的老板张书琴，从她简洁的介绍中，才窥见了庞公石二三。详细如下：

中国一绝"庞公奇石"产于秦的发祥地，一代名将赵充国故里，丝绸之路古城上，又名庞公玉，原生石为甘肃省清水县境内特有的一种辉绿岩。此石石质温润如玉，五彩斑斓，形状千姿百态，可雕可凿，居三奇于一身，被国内奇石收藏家誉为"中国一绝"。

奇一：在于出身清水县小泉峡一带的牛头河峡谷，怪石林立，石峰刺天，绵延十数公里的巉岩石峡之中唯独河水湍急的小华山山脚长不过一两公里的一段河床下，才出产这种神奇的石头；

奇二：在于来历神奇，相传宋代湖广襄阳居士庞蕴经仙人点化，云游千里，择小华山结庐隐居，广结善缘，庞蕴得道升天之际将其所得聚宝盆抛入牛头河中，满河金银珠宝顷刻间化为五彩缤纷的玉翠，沉落河底，后人称之为"庞公奇石"。千百年以来，当地百姓视庞公奇石为神石，家家户户栽石于庭院门口，辟邪气；

奇三：在于此石既有碧玉坚而不脆、硬而不滑之质地，又有绚丽多彩的色泽，还有气象万千、妙趣天成的自然造型。此石石色以绿色为主，深绿密致，华润温翠，其间又伴生或红，或白，或黄，或墨的自然纹理，既绚丽又迷人，还充满诗情画意。

早在宋代，山阳人杜绾在其所著的《云林石谱》中，就将庞公奇石列入110种全国名石。

明清时期庞公石被选为御用贡品，供朝廷赏玩，装点皇家园林。一时之间，奇石收藏者趋之若鹜，文人雅士赏玩成风，庞公奇石雕凿工艺从此成为清水县特有的民间艺术。

特别是中央电视台在《祖国各地》栏目中播出"清水庞公石"后，一些海外侨胞迢迢万里飞鸿传书，不惜重金索购"庞公石"，"庞公石"成了联结友谊的纽带，也为更多人士所喜爱。庞公玉取其自然纹理、形态与水色，捕天地含蕴之神韵，古今人物，形神兼备；珍禽异兽，呼之欲出；花草树木，无所不俏；行云飞瀑，灿烂夺目；江河山泽，千姿百态；典故记载，千古传诵，可谓"历史文化一石上，人间天上神奇中"。自古以来，儒者藏书，雅士集石，玲珑剔透，精美绝伦；且集诗情、画意、书境、歌韵于一石之上，可玩可赏，可吟可诵，实为雅室装点、园林美化、馈赠嘉宾、陶冶性情之极品。

# 枭雄末路

2023年6月，我到鄂尔多斯参加马拉松比赛。

从天水转车至西安，从西安坐晚上的卧铺车，可以实现夕发朝至。我在去往鄂尔多斯之前，对两处5A级旅游景点做了一些功课。一处是成吉思汗陵，另一处是响沙湾旅游景区。成吉思汗陵坐落在鄂尔多斯市伊金霍洛旗境内的巴音昌呼格草原上，是祭祀这位伟人英灵的神圣场所，也是他长眠的安息之地。成吉思汗陵旅游区占地面积10平方公里，控制面积达80平方公里，以成吉思汗陵为核心，形成了祭祀文化区、历史文化区、民俗文化区、草原观光区和休闲度假区的整体布局，集中展示成吉思汗祭祀文化和蒙古族文化，成为一处重要的旅游景区。响沙湾旅游景区以"沙子会唱歌"而闻名，位于中国库布齐沙漠的东端，是一处集观光和休闲度假为一体的综合性沙漠休闲景区。这里是中国境内距离内地及北京较为近的沙漠旅游胜地，同时也是国家级旅游景区和国家文化产业示范基地。根据行程安排，我们只就近参观成吉思汗陵。对于响沙湾景区，待到来年再有机会前去感受。

从鄂尔多斯市中心出发，约40公里就能到达成吉思汗陵。我通过高德地图叫来专车，蒙古族师傅很热情地为我介绍当地的房价、旅游、民俗，一路畅快聊天，半个多小时的路程，便到了成吉思汗陵。临下车时，师傅说愿意等我回城，我们谈好价格，便买票进入成吉思汗陵景区。

高大的门牌楼在高原洁净的蓝天下显得威严，穿过大门，远处就是雄伟的成吉思汗雕像。英俊的战马之上，一代枭雄手牵着缰绳，如闲庭信步，他的脚下，是哺育他的大地，草原上的雄鹰，越过蒙古高原，跨过黄河，逐鹿中原，成就一代霸业。他的功绩彪炳史册，美国《时代》周刊评选的千年来影响世界的十位人物榜中，他独占鳌头，荣膺榜首。他和他的子孙所建立的大帝国，改写了世界版图，深刻影响了欧洲历史的进程。他使得人类之间实现了"最广大而开放的一次握手"。

成吉思汗陵原为全体蒙古民众供奉的"总神祇"——八白宫（室），即八座白色的毡帐，是供奉祭祀的地方，而不是埋葬金身之地。成吉思汗埋葬之地至今成谜。然而，对于枭雄末路——最后的弥留之地，却与清水有关。

1227年8月15日，66岁的成吉思汗在六盘山下的清水县（今属甘肃地区）病逝，从此，成吉思汗结束了他策马扬鞭的一生，他带着对生活的无限眷恋，恋恋不舍地离开，"一代天骄"成吉思汗发动了无数次的战争，一次一次地生灵涂炭，百姓流离失所，但他却代表了蒙古人的一种至高无上的精神。成吉思汗在蒙古人眼中就是神一样的存在。

清水县地处关山西麓。宋金元之际，这里东通关中，北达宁夏，西出陇右，是重要的军事商旅驿路，也是宋金元彼此争锋的边境地区，为金国所辖。元统一后，将原秦州所辖成纪、秦安、陇城、清水、冶坊五县并为三县，其中冶坊并入清水，属秦州。清水现存宋金时期《仪制令碑》一通，碑文为"贱避贵，少避老，轻避重，去避来"。这一石碑，似乎反映出当时这一地区人群繁杂的状况。元代秦珠"监是邑"，"下车之始"，以"清水县□□□上邽之郡也，虽非朝使往来冲要之驿。其钦承王命公务之使橐橐相继，无驿馆以待之，诚为不可"，"慨然谋为驿亭之置"。"中台御史周一齐处其馆，特书其堂曰

'宣德'"。这是元至正元年（1341年）《清水县创建宣德堂记碑》记载兴修清水县第一个官方招待所的碑文。参与树碑立传的官员中有许多蒙古人，如"承务郎秦川成纪县尹兼管本县诸军奥鲁""前秦州清水县主簿兼尉靖也力不花""前秦川清水县主兼尉贴力不花""税务同监杨也先不花"等，反映出元代统治者对清水地方管理的重视程度。

《元史》卷一《本纪第一·太祖》载：（称汗）二十二年（1227年）丁亥春，帝留兵攻夏王城，自率师渡河攻积石州。二月破临洮府，三月破洮河、西宁二州，遣斡陈那颜攻信都府，拔之。夏四月，帝次龙德拔德顺等州。德顺节度使爱申、进士马肩龙死焉。五月，遣唐庆等使金。闰月，避暑六盘山。六月，金遣完颜合周、奥屯阿虎来请和。帝谓群臣曰："朕自去冬五星聚时，已尝许不杀掠，遽忘下诏也。今可告中外，令彼行人亦知朕意。"是月，夏主李睍降，帝次清水县西江。秋七月壬午不豫，己丑崩于萨里川哈老徒之行宫。临崩谓左右曰："金精兵在潼关，南据连山，北限大河，难以遽破。若假道于宋，宋、金世仇，必能许我，则下兵唐邓，直捣大梁，金急必征兵潼关。然以数万之众，千里赴援，人马疲惫，虽至，弗能战。破之必矣。"言讫而崩，寿六十六，葬起辇谷。至元三年冬十月追谥圣武皇帝。至大二年冬十一月庚辰加谥法天启运圣武皇帝，庙号太祖，在位二十二年。帝深沉大略，用兵如神，故能灭国四十，遂平西夏。其奇勋伟绩甚重，惜乎当时史官不备，或多失于记载云。

成吉思汗六月到达清水县西江，即今牛头河中游。这时，夏主以中兴府长期围攻，渐不可支，遣使请降，唯求宽限一个月献城，成吉思汗答应了。同年七月壬午，即初四日（公历8月19日）病情加重，七月己丑，即十三日（公历8月25日），成吉思汗病逝于萨里川。"萨里"，当为蒙语，其具体位置不详。有人以为在红堡镇西城村，但从地理特征看，这里地势低洼，三水汇流，东汉隗嚣在西域曾被大水所淹，几乎丧命。成吉思汗以数万之众，兼以诸王、那颜之皇家行宫断不会于汛期选西城安营扎寨。

我在成吉思汗陵每处景点观览，对一代枭雄敬畏之余，自然会将思维转至相隔一千公里的清水县。高原上的雄鹰征战一生，在最后一战中，客死他乡，苍茫的陇上和宁静的西江，接纳了他的戎马一生。也许是冥冥中的安排，在黄帝的瞩目中，在秦人远去的背影中，一代枭雄长眠于清水。蒙古族的伟大战士，与清水从此有了千丝万缕的联系。

（本文参考了清水作家温小牛先生相关研究成果，特此鸣谢。）

# 英雄赵充国

    当时光的箭矢穿越历史的迷雾，击中我向着巨大雕像膜拜的心灵，汉朝的大门在吱吱呀呀中为我打开了。

    逆时针绕着充国广场，一圈，一圈，脚下，年轮便如时光倒带般回溯。此时，我渴望回到公元前137年，上邽城，牛头河畔。我仿佛听见了一个婴儿的啼哭，他的哭声惊醒了黄帝的目光，惊醒了秦人的战马，惊醒了芦子滩芦苇丛中的野鸭……上邽城用清澈的泪水迎接了一位英雄的诞生。

西汉中兴，中原富足。蒙古高原的匈奴，湟水河岸的氐羌，他们如潜伏在黑夜中的猛禽，伺机僭越中原王朝的繁华。

我们的小英雄充国，凭借天生的勇猛，成了活跃在陇山左右的六郡良家子。白天练习骑射，夜晚研习兵法，一位智勇双全的少年英雄，在一次次直面匈奴的挑战、羌人的攻击中长大了！

当我触摸赵充国雕像的底座，似乎听见了战马的嘶鸣。那年，充国随贰师将军李广利攻打匈奴，陷入包围，断粮数日，他与一百多名壮士突围陷阵，得以脱险。此役中，充国全身负伤二十多处！

二十多处啊！这一刀一刀的伤痛，惊醒了上邽城盼儿归来的母亲，她憔悴的身影矗立在牛头河畔，举头仰望漆黑的夜空——东方天穹，五星聚拢。是啊！五星出东方，利中国，诛南羌，四夷服，单于降，与天无极！

一颗勇敢的心，在刀光剑影中淬炼成钢；一颗爱国的心，在誓死捍卫中百折不挠。

元狩四年（前119年），汉武帝取得征讨匈奴的胜利，推行移民政策，赵充国积极响应，举家迁往令居，驻守边防，保家卫国。这一走就是六十七年！

邽山翘首，清水静流。边防的永固，换来了内陆的安宁；英雄的事迹，久久传唱在上邽城内。

战不必胜，不苟接刃；攻不必取，不苟劳众。广播仁义，他悲天悯人；全师保胜，他热爱将士；屯田制羌，他精打细算。驻守湟水的赵充国和他的万马千军，一保边防六十载安定！

赵充国的英雄事迹，成了中原民族巩固边防的样板。从曹操到诸葛亮，从司马懿到邓艾，从羊祜到郭子仪，从朱元璋到左宗棠，甚至我们的伟大领袖毛泽东，都对赵充国的军事思想推崇备至。

明代儒学大师、军事家、散文家唐顺之言："营平谋国最深忠，每与公卿见不同；但使湟中无寇盗，不教麾下有边功。"

公元前52年，上邽城终于盼来了赵充国。莽莽邽山，用它的厚重接纳下了英雄智勇的一生。上邽的孩子，永远长眠于牛头河畔。一座英雄之城，从此在陇山脚下，熠熠生辉。

我离开充国广场，沿着牛头河，到达相隔不远的赵充国陵园时，凉风习习，秋雨沥沥，在英雄长眠之所，我掏出笔记本写下：

清水流过上邽城，充国往事梦悠悠。

一代英雄彪炳册，时时激励后来人。

英雄赵充国——清水永远的骄傲！

# 秦人的背影

　　源远流长的华夏文明生生不息，历经数百个朝代的更迭和交替，大大的"秦"字如天空的火焰，闪亮在历史的时空。当人类文明的火把从历史的驿站中追忆八百年一统华夏文明进程的烽烟，源头指向了陇山脚下——清水。

　　飞廉长子恶来的后代、飞廉的七世孙非子在秦亭为周王室牧马，非子善养马，马匹肥壮。公元前889年，周孝王给了非子方圆不过五十里的封土，并以封地为氏。从此，在秦亭有了嬴姓一族。

从周孝王封邑秦亭，到秦武公伐邽戎而置邽县，秦人有了得以发展的根据地。由秦亭而到恭门镇的邽县，由邽县再到李崖村上邽。"百代都承秦政体"，以秦亭为发祥之地，邽县开创了延续至今的郡县政体之先河。秦，这个远古的图腾，由秦乐山这块乐土宝地，西向而散，甘谷的朱圉山，礼县的鸾亭山。再一路朝东，翻越关山，至平阳、雍城、栎阳、咸阳，马踏关中，荡平天下，抒写了一部秦人不屈的奋进史。

　　早期秦人活动范围在哪里？通过十年考古发掘和研究，因史书记载不详而留下的问题，取得了突破性进展。

　　"李崖秦墓表现出浓厚的商文化遗风，如随葬陶器中的方唇分档鬲、带三角纹的商式簋以及直肢葬、腰坑殉狗的葬俗等，揭示出秦人、秦文化是东来的。"早期秦文化联合考古队队长、北京大学考古文博学院教授赵化成说，甘肃清水李崖秦墓是目前发现最早的秦文化遗存，年代集中在西周早期晚段至中期偏早阶段。

2004年以来，联合考古队在礼县境内发现以早期秦文化为主的遗址38处，时间上普遍晚于清水李崖遗址，西周中期偏晚、西周晚期、春秋早期的东西比较多。通过发掘和研究，专家在礼县发现了"六八图—费家庄""大堡子山—圆顶山""西山坪—鸾亭山—石沟坪"三个相对独立，又互有联系的大遗址群，认为这里是早期秦人的三个活动中心区。

是非子选择了秦亭，还是秦亭选择了非子，无从考证。毕竟，在交通闭塞、信息阻滞的古代，人们几乎生存在与世隔绝的地缘之中。由此来看，是非子选择了秦亭，还是秦亭选择了非子已不重要。重要的是，秦亭有适宜马匹生长的植物。秦亭位于陇山之右，莽莽苍苍的大山被优良的植被裹得严严实实，山脚下的牛头河波光粼粼，良好的土壤和丰腴的水土，为稷类植物的生长提供了优越条件。想必那时水草依依，麦风习习。秦人的马儿在山林间吃草，嬉闹，一匹匹膘肥强壮的马匹翻越陇坂，抵达咸阳，为周王室源源不断带去劳作工具和战斗工具。秦人不断获得养马经验，并练习骑马本领。

说到骑马，另一种植物不得不被提及。那就是麻。在秦亭及周边区域，今天尚有种植大麻的传统。清水麻鞋自古有名，当年杜甫写过"麻鞋见天子，衣袖露两肘"的诗句。于右任途经清水时，被城外绿油油的大麻和麻制品所吸引，写下了《麻鞋歌》："老农自矜麻鞋好，并谓麻鞋制作巧。闻客明日西南行，愿助轻足赴蜀道。"传诵一时。麻鞋是清水最富有地方特色的产品之一，麻鞋外形精巧美观，穿着舒适凉爽，古朴大方，天然保健，一直为人们所青睐。麻对于秦人来说至关重要。有了麻，便能制作成麻绳、麻鞋。有了麻绳，可以将木质马鞍绑在马背上，用麻绳制成马镫、缰绳、马鞭。正是有了麻的介入，使得马的服务功能得到了空前的提升。而麻制作的麻鞋，穿上后可快速奔跑。两者结合，即能提升整体作战能力。有了这样的推断，正是秦亭优越的自然供给，给了秦人以快速行进和战斗的能力，这为秦人后来越过关山，一统天下，奠定了坚实的基础。

当我再次抵达秦亭时，正是月圆之时。那晚，宁静的天空中，月亮分外明亮，我写下了：秦人的背影，在秦亭的月光里摇曳。是啊，那轮曾经照亮秦人心境的明月，如今依然照亮着今人。只是，秦人当年征战之声已然消弭在天际，除了那轮明月，和明月下隐约浮现的秦人的背影，只有那秦亭静谧的乡村，升起的寥寥炊烟。

# 美丽之路

　　大学同学俊忠家在清水县白驼乡。上学时的一次暑假，他邀请我去他家做客。我跟随他从秦州区坐大巴车到清水县，从清水县坐过路的班车到白驼乡，但从下车的地方到他家所在村子杨坪村却没有公共交通，我们只得边走边等顺车，这一走就是七八公里。大约走了一个小时，终于等到了俊忠邻居开的小四轮拖拉机，邻居很愿意让我们搭乘，我跟俊忠分别坐在小四轮拖拉机机头大轮胎的铁泥瓦上，一面一个，像两个金刚，护持着邻居在弯弯曲曲、起起伏伏的路面上驾驶，颠簸中腰椎扭成了麻花样，我们面目狰狞，屁股生疼。大约半个小时，到了俊忠家。那时我就想，俊忠的老家太落后了，大山阻隔，道路不畅。

再次到清水，已是去俊忠家十多年后。现在算起为五年前。那次去清水，是经人引荐，考察一个项目。项目在工业园区，城区西侧，围墙圈住的场地杂草丛生，一幢尚未完工的厂房，裸露的铁架锈迹斑斑，场地中央有一个简易的工棚，工棚里住着一位老人，年近七十，他还养着一条小狗，见了陌生人进来，狂吠不止。老人把狗拴住，请我们进屋。屋内，老人刚擀好的面在床铺旁的面板上。屋内凌乱，无落脚之处。老板陪我们到场地参观。我们临走时，老人向他的老板索要工资，隐约听见已欠了六年多了，再不结，估计都等不住了。老人失落和绝望的眼神，刺痛了我的神经。临上车前，我跟老板告别，老板希望我能收购他烂尾的项目，好归还借款，好结清为他看厂一辈子单身的老人的工资，好逃离深陷他近七年的旋涡……

老人的眼神和老板的无助，浮现在我脑海。车从县城工业园出发，过红堡，上了566国道。国道沿着牛头河修建，不大的河水在夕照中偶尔泛着橙色的霞光，国道在山谷中蜿蜒穿行，河水时左时右，我的思绪也如摆钟，忽左忽右。到底要不要收购那个项目。收购的话，资金，产品，市场，未来在哪里？不收购的话，老人，老板，那个荒芜了七年的场地怎么办？大约四十分钟，车辆驶离566国道，进入麦积区城区道路。牛头河也流到了麦积区，不远处，它将汇入渭河，成为黄河的一部分。

就是那四十分钟路上的权衡和最后做出的决策，就有了后来公司在清水的项目。不幸的是，那位看场的老人尚未等到他的工资，就突发疾病去世了，他的弟弟领取了他六年多的工资，还向老板索要了十几万元赔偿款。我心忿忿，但毫无办法。商场如战场，商业竞争是残酷的，资本是冰冷的。当我眼见身边几位身价上亿的老板资金链断裂，负债累累，落得个失信老赖之名，心中未免伤感。曾经的江湖风云，烟消云散，潮水退却，如裸泳般受到他人嘲讽，个中滋味，人情冷暖，只有独自品味。这些鲜活的例子，一直在警示着我如何将创业之船成功出海，而不至于被风浪打翻，而不至于撞上冰山。

自那时起，566国道便成了我驾驭那艘船的必经之路。从市区出发至公司，需要一个小时的车程。这在小城市来说，是近乎于遥远的通勤距离。投资创业如离弦之箭，无法回头。巨大的资金、成本、市场压力都如黑洞般吞噬着我的精力和体力。相对于横亘在远处的黑洞，道路的崎岖和距离的遥远已不是问题。走的时间多了，便有意寻找路途中的乐趣。

乐趣产生于四季的变化。国道两侧，山脉纵横，山上覆盖着茂密的植被，虽然山体为岩石，但植物会在一层岩石表面的薄土层中生根发芽，会挽留住天赐雨雪供养四季轮回的青春年华。它们从枯萎到发芽，从嫩黄到碧绿，再到金黄，到枯萎，它们的基因中自带有季节的表情，让行走在道路中的人能感知季节的色彩。坚持走过四五年，那些植物在庞大的山体上悄然长大，大山成了它们敦厚的彼岸，它们笑迎酷暑，鏖战严寒，把自己最强大的生命力迸发于岩石之上，天空之中，它们本能的呼吸就是命运的天赐，扎根，发芽，长大成一棵树，一棵草，一丛花。自然的力量始终如一地回馈给阳光、雨露、雾霭、冰雪。

这样的美好不止一次地在往返清水的566国道上浮现。因为这种自然的想象，反而给了我一种创业的决心和信心。在商业前行的道路上，必然会遇到资金困难，市场低迷，成本趋高，竞争惨烈……这是创业的常态，也是企业的四季。正视困难，脱离困境，是创业之根本。就像566国道两旁大山上的草木，蜿蜒流淌的牛头河。自然之力在不经意中给了我强大的暗示，在随后的几年中，企业在困难中前行，在努力中渐进，虽然受疫情影响，但依然蛇形上升，逐步达成了目标。

路上的我心情逐渐美丽了。有时候会有意走草川公路——另一条清水县通往麦积区的道路。这条公路架设在草川梁上，与沿着河谷走的566国道不同，草川公路是顺着山体攀援而上，道路变成了一条黑色的飘带，镶嵌在大山的表面，山有多高，路有多长。跟566国道远观山景不同，草川梁的风景随时可以钻进车窗。静谧洁净的空气伴随着花香或者土壤的芬芳，随同四季的颜色，一起钻入车内。路上几乎看不到车辆，整条马路，整座山林，就属于一辆车，一个人，放慢速度，打开车窗，拉开天窗帘幕，人车与天地融为一体，这样的美丽感受，只有在四季交替的草川公路才能获得。特别是在夏秋二季，路边栽满了波斯菊和百日红，五彩缤纷的花朵，会给人呈现一种海市蜃楼般的幻觉，上班变成了旅行，通勤变成了放空。后来，得知这条公路被评为全国十大最美乡村公路之后，心生喜悦，深觉实至名归。在草川梁通勤的次数多了，就能看到花开花谢，草木葳蕤，空山新雨，夕阳晚照。这是途中的馈赠，是上班中的旅行，或者旅行中的上班。甚至在一次月明星稀的夜晚，独自在草川梁行走，虫鸣鸟唱，山风习习，月明如镜。最美的草川公路给我了无尽的遐想。虽然天上无数颗星星也许都在试图摆脱黑洞的吞噬，但它们何尝不是在勇敢地努力，点亮自己，照亮它们不知晓的人间，照亮如蝼蚁般正在爬行的人类，似乎没有意义的山林和天空，变得无比深邃，无比美丽。

现在我问俊忠回家之路，他言道路顺畅，交通发达。三十年之变化，在西北的小县城是缓慢的，但也是巨大的。566国道旁边，天庄高速公路终于开通了，清水迎来了它的第一条高速公路，这是无数人的期盼。车走高速，通勤时间减少了十五分钟。自此，566国道和草川公路势必会旁落，但它们依然是我心中美丽的存在，铭记着曾经走过的季节。

# 梦幻轩辕谷

　　历朝历代对轩辕黄帝的出生地都有文字述说，其中一条线索指向甘肃省清水县，县城往东南七十里，轩辕谷，那里是黄帝出生的地方。晋郭璞《水经》载："帝生于天水轩辕谷。"《甘肃通志》载："轩辕谷隘，清水县东七十里，黄帝诞此。"《直隶秦州新志》载："帝生于轩辕之丘，名曰轩辕，今清水县有轩辕谷。"《甘肃省志考异》中载："轩辕谷在上邽城东七十里，轩辕帝生处也。"

人类经历约三百万年从旧石器时代跃迁进入新石器时代，大量出土的六千年前的陶器和古人类生活遗迹，印证着那段时间，人类过着怎样的生活。可以想见，人类漫长而辉煌的发展史，实际上跟石头结下了不解之缘。用石头可以砸碎动物的骨头，可以成为追打动物的武器，可以成为垒砌灶膛的建材，可以成为修筑房屋的基石。石头被磨得越来越精巧，人类从蒙昧走向开化，从山洞走向平原。这是近万年时光的变化。我想古人也不止一次地叩问来处，我们的祖先到底从哪里出生，从哪里壮大，进而逐步产生了中华文明。

虚构人类的创世者也许是对源头追问无果后的自我平复。这就像普罗米修斯用泥土造人，提取动物心中的善恶放入泥人中，雅典娜将灵魂和神圣的呼吸吹入泥人中，人类就诞生了；《圣经》中记载，上帝耶和华用泥土造出第一个男人亚当，然后用亚当的肋骨造出了第一个女人夏娃，两人幸福地生活在伊甸园，却因为被蛇诱惑吃了禁果，被上帝惩罚并赶出伊甸园。而中华文明中的伏羲、女娲兄妹成婚创造人类的说法，跟伊甸园的亚当夏娃有着异曲同工之妙。但在同样的人类构想中，轩辕黄帝是独特的一位。伏羲创世，黄帝引领族群战胜以蚩尤为代表的人类威胁和自然挑战，从西北的黄土高原沿着牛头河、渭河，进而进入黄河流域，人类的文明之火在黄帝的手中点燃。

沿着这条思路探寻，当古人把黄帝确定为一个人，把清水轩辕谷确定为他的出生地，可谓是人类在追寻古老文明的足迹。假定条件，进而推导，得出结论。相对于轩辕黄帝的出生地争论的梦幻迷离来说，我更愿意相信他出生在清水轩辕谷。正是基于这样的假想驱使，便为我前往轩辕谷看看，提供了十足的理由。

从县城驱车往东约二十公里，即可到达山门镇政府所在地，再往前走几十米，路边有指引牌指向轩辕谷。离开主路，驶向小路。小路沿着山坡修建，蜿蜒、崎岖。山路窄小，若遇对向来车，必要提前找宽处避让。一路小心驾驶，好在对向未有一辆车经过。大山用它浑身台阶般的梯田，给了附近村民仅有的给养。偶尔可见在田地里劳作的人，我不知他们的祖辈，祖辈的祖辈是否就是黄帝的分支，他们是否就是黄帝部落的后裔，无从求证，只能联想。只在一个三角路口，指示牌指示东南方向，一个四十五度急弯后，转向轩辕谷。但前方的道路愈加窄小，我将车停在路边，等到一位下地干活的老伯，问他轩辕谷如何走。他言往前走三四公里即到。我重新上路，不多时，轩辕谷就出现在眼前。

轩辕谷的建筑是在原址新建的大殿和戏台。中国传统的建筑格局，往往大殿对着戏台，戏是唱给爷的。爷在甘肃东部传统语境中指神仙，指伟大的人。轩辕黄帝被誉为轩黄爷。大殿内自然供奉着这位中华文明的创始者黄帝。

大殿大门紧闭，我透过门缝窥见了高大威仪的黄帝造像，前面供桌上有香火焚烧的印迹。作为附近的村民，初一、十五能为轩黄爷烧香祈愿，自是流传下来的传统。而传说旁有雷姓和风姓二族，是黄帝的后裔，两族自古不通婚，世代守护黄帝故居，沿袭至今。这是一个圆满的传说，令人感到欣慰。黄帝的基因从清水山门镇轩辕谷出发，发展壮大，他的后裔依旧守护家园，不忘初心，这是一种对祖先的铭记，也是对家族的守护。中华文明星星之火的火种源头，被持续地守护至今。

我绕着轩辕黄帝大殿转了三圈，悉心聆听山风、溪流和鸟鸣。在旁边的八角亭坐下，自拍一张留作纪念。往后山林茂密，有一条人迹小道延伸至山林之中，我因一人，不敢进入，只得沿着旁边的小道步入高处。路旁，溪流潺潺，清澈见底，汩汩声响成为山林阵风中的和弦，悦耳动听。溪流旁的阔地上，高大笔直的大麻正接满硕果——麻子，细小，浓香。站在山坡上，碧绿的大麻如竹林般，在清风中舞动，它们在不远的将来，成熟，被砍掉，收获麻子和麻——一种优质的纤维。我能想见作为黄帝出生的地方，有这样一种特殊植物存在的价值和意义。一万年前，把物和物连接在一起，是一件多么困难的事呀！但麻纤维的发现，让人类有了可以使用的绳索，从此可以绑住房梁，织布成衣，驱使战马……麻的种植、使用，促进了文明的发展。我想，那片片大麻林，已经过了数千年的涵养、进化，它们为黄帝从轩辕谷出发，提供了最有力的保障。

黄帝的大殿和戏台面对面，矗立在群山包围的阔地中，山上植被优良，山下大麻飘香，用现代人的眼光看，是一处依山傍水的风水宝地。黄帝诞生于此，可谓占尽地利。陕西历史博物馆研究员杨东晨在《渭水流域是华夏文明的重要源头》一文中指出："轩辕星与轩辕谷方位相符。"中国建筑研究设计院的专家实际测绘发现，轩辕谷的七处最高点相连之后正好与北斗七星暗合，可谓占尽天时。牛头河质朴的品格，确是清水人性格的写照，可谓占尽人和。于是，黄帝出生于轩辕谷天时、地利、人和尽占，人类文明源头的圣地之光在深藏在清水县山门镇的大山之中熠熠生辉。

当我驱车返回时，我似乎有种刚从梦境中慢慢苏醒的感觉。我无法从现有或已发现的古物中验证轩辕黄帝诞生于轩辕谷的假设，但我依然不得不去承认黄帝就诞生于轩辕谷的说法。在超现实的假设中，只可沿着梦境般的思绪，去感知轩辕黄帝的伟大，感受轩辕谷的魅力。路旁的小麦、玉米终用自然的味道将我拉回至现实，阵风吹进车窗，从观后镜看车已驶离轩辕谷的小路，转至主路，夜幕降临，轩辕黄帝如天空中最亮的一颗星，一直在我前方照亮。

# 萱草花开

李老伯家在新农村，家家户户房屋外的砖墙和瓦砾几乎一样，好在，他家里墙头上披着一棵巨大的蔷薇，旺盛的枝条架在墙体两侧，碧绿葳蕤。因了这棵蔷薇，找到李老伯家毫不费力。有时，我的同事会替我去看望李老伯，给他的孙女萱萱带点学习用品。

李老伯是政府部门牵线搭桥的帮扶户。我第一次去李老伯家时，他正在清扫马路，看见我们进屋，他连忙从远处回来，掸去身上的灰尘，让我们落座。老伯叫出孙女萱萱，与我们打招呼。萱萱正在上初中，一双眼睛投射出天生的灵光，带着几分少女的羞涩。

萱萱与爷爷相依为命。在首次拜访前，政府有关人员向我们交底。萱萱的父母在南方打工，但一场车祸导致两人离世，萱萱成了没有爹娘的孤儿。这个消息一直瞒着萱萱。他让我们一定保守这个秘密。第一次见到萱萱时，我内心忐忑不安，甚至有点惶恐，生怕萱萱问起她父母的情况。

李老伯说话铿锵有力，我知道，他将巨大的悲伤暗藏在心底，故意表现出若无其事的样子。老伯说，他现在瞌睡很少，睡不着的时候，就扫院子，院子扫完了，就扫新农村的道路，新农村的道路扫完了，就去扫大马路。就这样，一直扫啊，一直扫，他想扫去心中的悲痛。可日子啊，总是异常漫长，长得没有了昼夜。我眼含泪花，转向窗外，立在墙根的六把扫秃了的扫帚，像一把把钢刀，把幸福的日子划出了道道伤痕。

我连忙回过头来，问萱萱喜不喜欢写作文。

萱萱说："她最喜欢学语文了。"

萱萱说："我爸妈已经有一年没回来了，我不知道他们在外面过得好不好。我现在学着记日记了。"

我心头一颤，给萱萱说："爸妈在外地工作忙，你要照顾好你跟爷爷，有什么需要尽管给我和叔叔阿姨们说。"

萱萱返回她的房间，一会儿拿出了一本日记。

"叔叔，这是我写的日记，有一百篇了。我想把对爸妈的思念记录下来，等他们回来时，给他们一个惊喜。"

我说："萱萱，我能看一下这些日记吗？"

萱萱说："当然可以。"

我接过日记，翻开了最后一篇。是这样写的。

2023年9月9日，天气，晴。

爸妈：

你们还好吗？你们难道真的不要我了吗？这是我写给你们的第100封信，没法投递，就只能放在我的日记本里了。

爸妈，你们以前说，工作的城市有很多萱草花，它们在春天发芽，夏天开花，你们说过，看到了萱草花开，你们就会回来。不知道现在你们看见萱草花开了吗？

爷爷依旧喜欢扫院子，他整天沉默不语，像变了一个人，我不知道他有何心事，我只能在他面前当个乖乖女，哄他高兴。

爸妈，这学期我当学习委员了。兆达农业的叔叔阿姨经常会来家里看望我和爷爷，他们很热情，也很时尚。

爸妈，你们快点回来啊，你们说过的，等到萱草花开的时候，就会回来。可萱草花已经开了呀。

想念你们的女儿：萱萱

我看完信，泪花在眼眶里打转。迅速又笑着对萱萱说："萱萱，你就是一朵美丽的萱草花，爸爸妈妈看见了萱草花，就看到了你。"

萱萱说，她明年要考上市一中，将来要考个好大学。

同事拿出学习书本和文具，交给萱萱。我们与老伯告别，他一直送到村口。直到走了很远，我从观后镜中看到一个孤单的身影，依然在目送着我们。

# 麦子熟了

六月三伏，小麦泛黄。玄黄鸟不厌其烦，"玄黄玄割，玄黄玄割"的叫声拂过阵阵麦浪，进入村人的耳朵。

父亲蹲在廊檐下，手握镰刀在磨石上来回磨砺，直至沉睡了一年锈迹斑斑的刀刃再现锋芒，一根头发划过刀刃断为两段，即达到了磨刃标准。母亲收拾好木制镰刀架，矫正咬合刀片的"铁牙齿"，等待亮晃晃的刀刃归位；奶奶早已熬制好了姜片凉茶，干姜片在火上燎过，特殊的香味释放出来，投入烧开的水中，稍煮片刻，放凉装入陶罐，成为父母割麦中的最佳饮品。

我戴着草帽，跟随父母来到麦田。

小麦叶青穗黄，直挺挺、密匝匝组成麦阵。母亲弯腰，右手执镰，左手揽麦，镰过之处，麦秆倾倒，倚着前面的麦子，如同从麦阵中剥离，身后，一捆捆小麦横卧田间，我便努力地将其搬运至路边架子车上。一天时光，母亲可以割完一亩地的麦子，超过大多数青壮年男人。

父亲在割麦的间隙，用架子车将小麦捆拉至麦场。麦场往往是离家不远的村口自留地，经过反复碾压，地表平整密实。一捆捆小麦被置放于此。

父母亲一边收着小麦，一边在麦场晾晒收割后的小麦。迎着晨光，小捆小麦被列阵排开，迎着烈日，逐渐变干。而至黄昏，割了一天小麦的父母亲，还要重返麦场，将一捆捆小麦堆成麦垛。

堆麦垛是农家干活主力必会的手艺，我的父母自然不例外。常常，堆麦垛的活由父亲担纲，我和弟弟顶多从远处抱来一捆捆小麦。

中间麦捆站立，周围倾斜向中，形成一个密实的底座，而后沿着周围垒高一圈，一层，两层，一圈，两圈，一个逐渐向上收紧的宝塔形麦垛就形成了，就像矗立在陇山林中的麦积山，自然的造化塑造了优美的外形，而农耕文化赋予它形象的名字。堆积好的麦垛，形圆顶尖，防水，防风，保护晒干的麦子不被雨淋。如果稍有偏差，麦垛倾成比萨斜塔，弄不好倒塌，小麦粒摔一地，还得再次堆积，直至达到理想造型。若逢雷雨，在狂风中短时间堆积出稳定的麦垛，更能考验庄户人的手艺。

一家麦场，三四麦垛，早晨晾晒，傍晚复原，小麦在晾晒中逐渐变干，变得容易脱粒，进入下一个环节。

在我记事中，原始的脱粒——碾场是一场充满童趣的游戏。晒干的小麦一圈圈摊放在平整的麦场。驴身上套上鞍子，身后用绳索拴上重达两三百斤重的石制碌碡（liù zhou），加上辔头和笼嘴，驴全副武装，只得干活，不可也无法偷食满地的小麦。背后常有赶驴人手持长鞭和长把铁罩，一面赶驴不要偷懒，一面承接驴粪的喷涌，以防污染小麦。碾一场麦下来，驴困人乏，小麦离壳，掩藏在麦秆之下，人们挑尽麦秆，用木质锨铲起谷皮和小麦粒混合的粮食，借助风力逆风扬场，壳麦分离，一粒粒小麦进入麻袋，小麦秆堆放成麦柴垛，才算完成了粮食的收获。

后来，驴被换成了小四轮拖拉机，再也不用担心驴偷懒或者驴粪便，一圈圈效率奇高，这样的脱粒方式，直至电动脱粒机的出现才淘汰。

脱粒机如同一架庞然大物被叔伯们推着，从一处麦场吱吱呀呀进入自家麦场，我内心已经因接下来一两个小时的打麦变得雀跃。

脱粒机更像是一条流水线。电源合闸，脱粒机开始运转。解开麦捆"腰带"，小麦被有经验的叔伯顺着滚动的传送链喂进"大嘴"，高速运转的脱粒机摆出一副贪婪的样子，毫不停歇，突突着，将一捆捆小麦吞下，腹部底下，一粒粒褐色的麦粒如水泻下，婶子们用口袋接着，一袋，两袋……沿着脱粒机方向延伸成蛇。脱粒机的另一端，被脱完麦粒的小麦秸秆，已经完成了最主要的使命，成了一堆柴草，有经验的叔伯将其堆积成麦柴垛。一场小麦脱粒至少需要十五六个劳力参与。好在那时，邻里互助成风，你家打完我家打，人们亲如一家，既不管饭，也不给钱，脱粒机响起，人手从来都不是问题。

往往那时，麦柴垛是我心中的乐园。柔软的柴草垛堪比最庞大的海洋球馆。麦柴一层层加高，麦柴垛快速长大，我和小伙伴在柴草中尽情跳跃，翻跟头，紧紧抓住一年只有一次，一次只有一两个小时的尽兴，让每一根麦秆，沾满童年的快乐。

装满小麦的袋子被运至家中，晾晒，装袋，按需磨面，成为一年的主要食物之一。麦柴垛却静静驻扎在麦场，圆形压实的垛顶，能防住雨雪的侵蚀，而每隔一两天撤柴取用，会让麦柴垛变得腰身纤细，如同一件动态变化的艺术品。这件粗犷的艺术品，是一家人常年使用的能源物质。麦柴纤细，易燃，成为奶奶和母亲最青睐的柴火。一根火柴，便能点燃麦柴，点亮炉膛；一把麦柴，就能让一个葱油饼香飘厨房；而一座麦柴垛，蕴蓄着一家人火热的幸福。

# 清风明月

一缕缕清风 吹绿了柳梢，吹遍了田野，吹醒了故乡。

故乡深处，是爷爷吱吱嘎嘎的水磨盘，旋转出黄灿灿的小米。

故乡深处，是奶奶叽叽呀呀的织布机，穿梭出白花花的布匹。

小米果腹，布匹裹体。一个家的温暖，呵守在爷爷奶奶创造的襁褓里。

几十年如一日，爷爷守护磨房，脆弱的肺泡与谷物飘起的尘埃做殊死搏斗，终不敌死神的凌厉，爷爷永远倒下了，磨盘永远停止了。一渠流水向东，腾起浪花三尺。

31年前的那个夏天，大雨如注，空气潮湿，无法呼吸的痛楚，弥漫于心。

我和父亲多次走过磨房，多想听见那吱吱嘎嘎的声响啊，可在静谧的原野，只有流水拍打转轮的声音，还有那孤零零的磨房，静静地矗立着，四处是挥不去的阴霾，以及奶奶坚毅的脚步。

一个朝代，为奶奶的脚打上了铁镣般的烙印，她用刚强，将痛苦碾碎成快乐的音符。

一张张香气四溢的饭桌上，是奶奶厨神般的手艺烹制的美食。

一罐罐烧麦泡制的凉饮里，是奶奶对农忙的儿媳最好的犒赏。

一个个伫望村口的眼神里，是奶奶望穿秋水等待孙子的身影。

总以为奶奶可以超越百岁，然而时光总令人措手不及。

4年前的冬天，曾经翘首村口的目光，曾经香气四溢的美食，曾经烧麦茶水的清香，突然消失得无影无踪。

心如荒原，我成了一匹孤狼。仰望苍穹，嘶鸣长嚎，划破夜的寂静。只有头顶那一弯弦月，纤细如奶奶的柳叶眉，爷爷的旱烟锅。穿过薄纱般的迷雾，似乎看到俏皮的奶奶和爷爷正在弯月的一头，嬉戏玩闹，唱着："蓝蓝的天空银河里，有只小白船，船上有棵桂花树，白兔在游玩，桨儿桨儿看不见，船上也没帆，飘呀飘呀飘向西天，渡过那条银河水，走向云彩国。"

那一刻，多么希望月亮永远不要变圆，永远让爷爷奶奶能够抓住月亮尖。

然而，月亮却在一天天变圆，内心的焦灼如燃烧的火焰，点燃锐眼放寻漆黑的星空，在那遥远更遥远的地方，有两颗星星一闪一闪，是爷爷和奶奶？一眨眼的工夫，倏地却又不见了。

唯独那一轮升起的明月，却更加明亮。

明亮的月光，让闪烁的星星掩隐在黑夜里，也将飘忽不定的思绪拉了回来。那是爷爷奶奶的"云彩国"，我坚定地将月光纳入心中，从此就有了对爷爷奶奶长久的追忆。

# 小泉的柿子

天气渐冷，大地沉睡，草木休眠，唯有柿子笑傲冬天。

小泉村田地里的数十棵柿子树，点亮了初冬的原野。一枚枚柿子像小红灯笼高挂枝头，给阵阵西北风肆虐过的旷野带来些许温暖。这种温暖来自柿子内心的日渐甜蜜。在某一个冬日阳光里，被灵巧的手摘下，高傲的果实蜗居篮筐。柿子的命运由此改变。

甜蜜的心，柔化了艰涩的皮，薄如蝉翼，不当拿捏，便会破裂，汁急不可耐地外溢，流入对甜有天然好感的口腔，直达食客的心田。

若与炒熟的面相遇，一碗柿子拌熟面将成为独特美味。小麦面被炒熟后香气扑鼻，流淌蜜汁的柿子落入碗中，像为久旱的大地降下一场甘霖，固液相合，小麦的芳香，柿子的甜腻，将夏冬两季的日月精华融合成一碗美味，曾经许多次慰藉了父辈们近乎荒凉的胃口。当年，一袋熟面是求学路上的必备，吃一撮熟面，呷一口热水，成就一顿早餐或夜宵，让辘辘饥肠变得踏实温暖。若是能拌和上软甜的柿子，必将是缺吃少穿时日里不可多得的一顿大餐，成为犒赏胃口的解馋之物。

柿子的甜是令人垂涎欲滴的甜，也是娇嗔稚嫩的甜。柿子瓤在狭小空间里过于甜美，让皮难以承受这种火热。稍有不慎，皮破汁流，一个果实便瞬间破相，成了顾客眼里的次品。极力保持柿子的品相，将是柿子产业每个环节坚守的质量底线。

除了小心谨慎，还有另一种方法让柿子增长保质期，变得不那么娇嫩，去往更遥远的地方，那便是柿饼。柿子失水，变得皱皱巴巴，内部变成胶状，甜度升级，表面析出的白色结晶——柿霜，出卖了甜蜜的秘密。正是大量糖分的储存，才让柿子和它的干制品柿饼甜蜜芬芳。甚至可以通过生物发酵制作柿子酒、柿子醋，柿子成了水果界的百变佳人。

　　柿子并非从一开始就甜蜜。青色的柿子苦涩难咽，而经历了寒霜冷风之后，才由绿变黄，由黄变红。柿子用它的华美蜕变，证实了先苦后甜的人生规律，只有忍受住风霜，才会变成甜美的果子。正如人生一样，受得苦中苦，方为人上人。

# 放炕

儿时的冬天，鼻孔里总是充满着炕烟的味道，尽管有时闻起来刺鼻，但并不反感，甚至有点喜欢。闻见炕烟，意味着秋去冬至。夜晚降临，一家人坐在炕上，盖着被子，温暖便从腿部蔓延，充满心田，隔着窗户纸，任凭西北风凛冽，大雪压垮树枝，周身上下温暖如春，不经意间便潜入梦乡。

主屋放炕的权力一直被奶奶把持。屋是泥墙木顶一坡水，中间大，两边小，连成五间房。连通的主屋划分为三个分区，一侧为热炕；一侧放置面柜；中间放置八仙桌，上供仙人牌。主屋是奶奶的居所，我因从小跟着奶奶，主屋自然成了我夜晚的天地。放炕是奶奶整个冬天每天都记挂和值守的事，她就像公司一个重要岗位上的高管。

放炕的能源多用柴草。柴是经过奶奶分级挑拣的。细碎的有小麦脱皮后的麦壳，稍大点的是小麦秸秆、黄豆秆、辣椒秆，更长的是玉米秆。不同的柴草燃烧后散发的味道各不相同，送达炕上的温度和持久度也相差很大。于是，奶奶会精心组合这些柴草的比例，既不能让炕膛的火太大而烧了被褥；也不能燃烧一阵后熄灭，不得不半夜爬起来再次放炕。保持一晚上相对均匀和持久的温度，是奶奶多年来练就的经验。

送入柴草的口叫炕眼，不到一尺见方，柴草被放入炕眼，还需要一把利器——推耙，两米多长的木杆顶端镶着一块巴掌大的木板，将柴草推入炕膛，让它们各就各位。

推耙就如放炕的魔杖，在它周身的黢黑中，写满了温暖的魔法。

奶奶为了保持炕的温度，瘦小的身子常常跪在炕眼前，将事先准备的柴草小心谨慎地推入炕膛，用炕膛内存有的火星点燃柴草，关上炕眼门，起身站在院中央，观看房顶上炕烟囱里冒烟的情况，以判断炕内柴草燃烧的进度。一晚上的温暖，都是奶奶精心放炕换来的结果。

我急欲加入放炕的行列是好奇心使然，但一直没有机会，平日里奶奶把持放炕，连母亲都没机会。直到有一次大人外出，只留得我和弟弟在热炕上看图画故事。我心生一计，将炕侧墙里的壁柜打开，用火柴引燃衣服，关上壁柜门，不一会儿，白烟就挤着门缝跑了出来，壁柜门变成了炕眼。我时不时打开柜门，调整里面衣服的形态，此时，衣服就像奶奶推耙下的柴草。果然，衣服都被烧着了，关上壁柜门，浓浓黑烟从门缝里如千军万马之势奔袭，我和弟弟在炕上趁着黑云欢跳，宛如黑风怪出洞。黑烟弥漫着，刺鼻的味道传出了主屋，幸好外出的母亲回来了，急忙跑进主屋，从壁柜里托出冒着火星的衣服，扔在地下，用笤帚扑灭每一个火苗。我和弟弟屁股上挨了一顿笤帚疙瘩，刚做了几分钟的黑风怪，就被打回原形，好在没有引起大火，想起来心有余悸。

稍大一些，常常因为能加入放炕的行列而倍感自豪，灌炕烟囱是我期待的另一件事。烟囱是在修建房屋时墙里预留的，不过碗口大小，因柴草烟熏火燎，时间一长，灰尘附着其上，烟道变小，出烟不利。解决办法很简单：用绳子坠上秤砣，从房顶烟囱口将秤砣放下，往复提拉几次，烟道得到清理，然后吊上一小桶水，从烟囱口灌入，尘埃落下，清理工作便完成。蹬梯子上房是我的最爱，童年的高度，就是从这三四米高的屋顶开始的，每登顶一次，心里便成长一回，之前因胆小、紧张而颤抖的双腿变得稳健，而站在房顶上的男孩，终于可以向家人宣告自己的长大，如同登上了一座山峰。

如今，父母亲住进了楼房，但一到冬天，还是喜欢住有热炕的老宅。我虽劝说把炕改成电加热的，但父母亲依然坚持放炕。现在放炕，多用细末的煤，秸秆引燃，燃烧持久，比奶奶当年放炕时省事很多。炕烟在冷风中飘着，熟悉而温暖的味道升腾在村庄的上空，那是父母的坚守，亦如奶奶的坚守，时刻等待归家的孩子。

# 荠荠菜

　　春节总是在最热闹的场景中到来。敲锣打鼓，鞭炮鸣响，灯笼高挂，笑语满城。人们用各种方式庆祝这个最具仪式感的节日，祈愿一年吉祥，更是迎接春天的再次光临。而春天会在一场漫天飘洒细碎冰晶转向牛毛细雨的过程中抵达。如同两个季节的交接，冬去春归。春风苏醒大地，春雨酥润万物。蜷缩了一个冬季的小草小花，迫不及待地探出新芽，呼吸品啜春的气息。新芽初绽，新叶舒张，用赏心悦目的嫩绿回报春雨，回赠春天。野草、荠荠菜、苜蓿、灰菜……竞相活跃在花园角落、田野山坡。人们找寻它们的身影，便能抚触春天的脉动，甚至品尝春天的滋味。

贴地生长的荠荠菜最是准时。惊蛰过后，它们已从土里钻出，迎着太阳，一枚枚叶片舒展，婀娜的叶缘如同锯齿，切割来自四面八方夹杂寒气的春风，周边环境变得更加温和，呵护新叶散射状生长，逐渐形成一幅美丽的图案，像是孩子笔下画出的太阳，温暖在或肥沃或贫瘠的黄土地上。几场春雨几场风，长大的荠荠菜匍匐在草丛之中，嫩绿色装扮正在诱惑着奔向春天的人们，注目等待一位阿姨或是叔叔精致的小铲，在久违的那一刻，离开土地，钻入包袋，登入大雅之堂，成为餐桌上的一道美味。

荠荠菜融进了春天的温煦，形成了特殊的天然香味和口感，烹制荠荠菜几乎无需特殊厨艺。简单到只需用开水焯，30秒内捞起，捏干水分，配以少许酱、醋、蒜泥、麻油，即可成为一盘素雅春味。

若是与肉相遇，荠荠菜也不会自觉身份低微而自惭形秽，反而变得从容淡定，迎纳巧妇精致的撮合，成为一道道美食。不论做饺子、包子还是炖、炒，荠荠菜的汁液与肉香充分融合，自身浓郁的味道，不会被肉的丰腴淹没，漫野的气息得到驯化。天然多纤的身段，更将肉的无形化为有形，肉菜相合，春天的滋味莅临舌尖，春意荡漾在人们心间。来自山野的荠荠菜变得与众不同，因为春风雨露，因为天然质朴，更因为人的口腹之欲。

长久以来，人们礼赞春天的荠荠菜。有俗语云："三月三，荠荠菜赛灵丹。"足见荠荠菜自身营养价值的丰富。因为其特殊营养和功效成分，让品尝荠荠菜成了天水人打开春天的方式之一。或约三五好友上山下地采撷，或去菜市场购买乡民趁着春露采摘的新鲜荠荠菜。春天里，天水人的餐桌，总少不了荠荠菜的身影。这是春天的问候，也是春景的盛放。它用最本能、最朴素的方式，将人们的生活带入春天，甚至被藏入冰箱，向此后三季告慰，直至下一个春天，首尾相接，连接年轮渐进生长。

一季春天，一盘荠荠菜。天水的春天，因为荠荠菜而平添了几分味道；天水人的春天，因为荠荠菜更加春心荡漾，春意盎然。

# 寻鸡

## 一

对鸡的直观印象，来自小时候的生活。

奶奶在院落墙角饲养的一群鸡，是家里养的唯一一种家禽。鸡舍是父亲修建的，土砖砌墙，侧面留门，正面用八号铁丝做成栅栏，栅栏外是水泥食槽。鸡在鸡舍时，它们最欢乐的时候是奶奶用麸皮或玉米拌和的食物到达的时候。鸡争先恐后，抢占有利地形，好一饱口福。鸡舍常常在母鸡产蛋的时段打开，鸡一窝蜂跑出蜗居的"牢笼"，不大的院落成了鸡逍遥自在、谈情说爱的理想场所，就像读高中时晚自习之后操场的柿子树下。公鸡妻妾成群，母鸡"小鸟伊鸡"，公鸡打鸣，母鸡产蛋，鸡鸣狗吠，袅袅炊烟，一派"暖暖远人村，依依墟里烟"的田园景致。在隐蔽角落摆放的产蛋窝里，少不了几枚既白又大的鸡蛋，这定是我和弟弟未来几日的美食，只需简单煮制或者烹炒，在物质不很丰富的年月，是一顿难得的美味。

逢年过节，奶奶也会忍痛割爱，将宰杀大权授予父亲，亮晃晃的镰刀预示一只鸡生命的终点。我生性胆小，只敢在鸡的翅膀无动静时冒充胆大，抓住头提起一只死鸡，静观一个小生命的前世今生。母亲早已烧好开水，倾倒在鸡上，鸡毛像一场午后的雪崩，手到之处，毫不费力，毛肉分离，一会儿工夫，鸡被脱去戎装，成为手下败将。

锋利的刀成了鸡到鸡肉的利器。一场生物解剖在案板上进行。我端详鸡的一个个部位，只在生物课里听过的名称，立刻呈现在眼前。父亲如庖丁，精细分解鸡的每一处组织，留下鸡胃、鸡肝、鸡心、鸡爪，送鸡赴一场水与火的洗礼。而鸡肠、鸡毛将被扔在离村很远的河里。

小麦秸秆燃烧的火焰，燎去洗干净的鸡上可能残存的鸡毛，鸡浴火之后的香气夹杂着草木燃烧的味道飘过，奶奶已做好了烹鸡的全部准备。奶奶嫁给爷爷将近65年的光阴里，一人"独霸"灶台，作为儿媳妇的母亲几乎插不上手。火炉里柴火旺盛，铝锅里热水沸腾，锅盖不由自主地跳动着，急不可耐地向世界透露其中的秘密，这一秘密随之被弥漫了整个院落的鸡肉香气出卖。我和弟弟已垂涎三尺，等待奶奶起锅的一刻。

不过两三个小时，一只鸡成了一顿美味。鸡心被率先捞起，由我和弟弟分享，这里寄托着大人们的期望——增强记性（谐音鸡心）；而翅膀则一人一个，寓意将来腾飞。一家人围坐一起，享受着鸡和鸡汤的鲜美，期许孩子将来远走高飞。

# 二

有了小时候味觉的记忆，我对鸡肉特别钟情。尽管离开家乡多年，味觉深处依然不时涌动小时候鸡肉的香味，就像地下的暗河，在某个地方，会喷涌而出。每到这时，便从超市买来冰冻鸡，回想着奶奶煮鸡的样子，用现代设备烹制一只鸡。但不论佐料如何变化，时间、火候如何控制，都无法找回当年的味道。时光远去，奶奶离开已经四年余，奶奶烹鸡的味道，只成了记忆中的存念，无论精神的箭矢如何有的，依然很难觅影踪，但不会就此罢休，于是，萌生了寻源的想法。

餐桌上的鸡大多来自工业化饲养，各种激素和药物的使用，保证鸡群安全生长的同时，降低成本，鸡蛋高产，鸡出栏快，实现盈利，这是养鸡企业的生产目标，只有囚禁鸡的自由，才可攫取更多的剩余价值。就像京东创始人刘强东在一次演讲中所说，我们现在吃的大部分鸡，终其一生行走距离不超过3米。鸡行走的权力被人剥夺后，鸡沦落为一个产蛋工具和饲料转化器。要吃到真正自然生长的鸡肉和鸡蛋，却是难事。

难点在于，一则乡村按原生态方法养鸡者，大多养在深闺人未识，能养不能卖，销售通路成了阻滞发展的瓶颈。想卖的和想买的，像两个平行宇宙的流星，擦肩而过，遥遥相望。二则奸商们利用如我之人对鸡肉的钟情，使用各种手法炮制出所谓的土鸡，劣币驱逐良币，买方质疑，即便真正的土鸡搁在眼前，多有怀疑，信其不真。

基于此，抽暇寻鸡，便有了动机。

# 三

寻鸡之地选择清水，缘于近一年时间在清水的投资，投资的项目瞄向五十万亩核桃。目前，基础建设、产品研发、市场调研等各项工作密集开展，同事们都很卖力，进展也顺利。其间，我结识了中和、老贾等人，他们作为清水本地人，对当地情况了如指掌。当我说起寻鸡之事，老贾掐指比画，至少有十家分散在各乡村，且好几个地方他都踏足过。

有了老贾做向导，寻鸡之旅变得非常轻松。寻鸡目的在于了解清水当地原生态养鸡的情况，以便在未来某个项目中有所准备。老贾表示愿意持续提供各种靠谱的养鸡信息。

车从县城出发，不到二十分钟，便来到了白沙镇代沟村，这是本次寻鸡的第一站。

沿着村道步入半山，远处的鸡鸣成了空旷山谷里唯一的交响。村民抛弃了祖辈留下的宅院，或常年外出打工，或在县城置办房产，独留空舍满山间。老张就是留在村里为数不多的村民之一，他利用他家和邻家的院落，饲养起了土鸡。昔日的堂屋变成了鸡舍，院落变成了活动场，鸡自由活动，吃玉米、麸皮，啄食野草、昆虫。数以百计的公鸡一起打鸣，太过喧闹，以至于与养殖者老张交流都有些困难。

　　"一批鸡饲养约五个月就可以出栏。"

　　"鸡也不敢多养，还是按照市场需求进鸡苗。"

　　"鸡不愁卖，一只正常80到100元。"

　　随后，老张给我们算起了成本，鸡苗、饲料、疫苗……算下来一只鸡即便卖100元，也没有多少利润。

　　第二站去了山门镇杨家十字村。鸡场远离村落，在一处僻静的峡谷地带，彩钢搭建的鸡舍和办公室简单、实用。年轻的养鸡人小郭从办公室走出来，头发上沾着白色的鸡毛。当我有意跨入鸡舍区的门时，小郭示意不能进入，足见其对安全的谨慎。他领我们到了山坡上——他眼中的观景台。的确，站在半坡，鸡舍情况一目了然。鸡舍周边是山坡林地，鸡悠闲散步，尽情戏耍。山坡平坦处，多有凹下去的小窝，那是母鸡下蛋之所。出栏情况和之前的相差不多，依然是按需定产，严格按照原生态养殖，只有这样，一只鸡才可能售价80元左右。

"能继续扩大养殖吗？"我问。

"扩大规模是有风险的，市场波动大，到出栏的时候出不了，多养一个月就赔了。"小郭说。

小郭养殖的决心很大，成立了合作社，设计了包装，有自己的商标，想通过网络渠道，把自己在大山里养殖的土鸡和土鸡蛋远销外地，实现持续发展。

临走时，我们买了两只鸡，小郭极不情愿，因为鸡正在产蛋，他舍不得；也买了两盘鸡蛋，他已答应其他人，无奈给我们分出了一些。

寻鸡第三站是黄门镇黄湾村。相对其他两处，这一处鸡场条件最为优越。县上扶贫对口单位给鸡场补助了30万元，新建起了高档的鸡舍和活动场，村主任黄主任担任养鸡场的场长，驻村干部常年驻守鸡场，帮助鸡场开拓市场。大的鸡舍旁边，还修了微型小鸡舍，村主任说，这些是为网友提供认养的地方。真没想到，小小的原生态养殖场，在市场开拓中还能有如此的思路，令人钦佩。

车上，已有四只鸡和四大盘鸡蛋。老贾建议还要再看几家，再拿几只鸡，我婉言相拒，想想自家的冰箱，基本没有这些鸡的容身之所。

四

回来的当晚，我烹制了一只鸡。用最简单的方法，两个小时，汤鲜美，肉细腻。虽然无法复原小时候奶奶烹鸡的味道，但比近一年吃过的味道都好。

吃过鸡，喝过汤，洗了澡，总结了寻鸡结果。

1. 真正的原生态养殖鸡（权且叫它土鸡），需要150天左右的生长期；

2. 土鸡单只售价不会低于80元（不论斤）；

3. 土鸡数量并不多，很难大批量养殖，这也是价格居高的原因之一；

4. 土鸡用玉米和麸皮饲喂，提供天然开阔的运动场，公母同栏，福利很好；

5. 土鸡和土鸡蛋与养鸡场的鸡和鸡蛋相差大，谁吃谁知道。

# 麻雀

　　小时候，我最觉快乐的事，莫过于逮住一只麻雀。

　　春天已近尾声，万物饱受春雨的滋润，生机勃发。麻雀进入了一年最繁忙、最快乐的"爱情构建时期"。一群群麻雀，从东家飞到西家，从村头飞到村尾，叽叽喳喳，忽高忽低，小村庄俨然变成了麻雀们的"恋爱场"。互相相中的麻雀，便开始寻找它们的爱巢，屋檐下椽头的空隙、墙壁中凿出的烟道、大树树干中间生病形成的空洞，都成了麻雀安家育雏的最好场所。

麻雀忙碌的同时，我和小伙伴们也开始忙碌起来，寻找这些地方。我们的目的，就是等待雏雀破壳而出，以逮住它们。

　　麻雀一旦选好地方，便四处寻找枯草、树枝、树叶，把它们一个个衔入窝中。我和小伙伴们仔细观察这些变化，用石头在墙上、地上刻出标记，等待最好的时机。过早，雏鸟尚未成型，红红的，最难看了，不好养活；过晚，羽翼丰满，早于我们下手之前，已飞出窝了；而雏雀羽毛初长，能走不能飞时则是最可爱的时候。

　　端午节前几天，是掏麻雀的最好时机。伙伴们在标记好的地点聚集——这是一处离地有两米多的墙洞。觅食归来的成年麻雀，被眼前的情景所惊扰，声音变得嘈杂、变得更大，似乎在"吓唬"我们离开。伙伴们已开始谋划如何成功地掏鸟。最后大家选出个子最高的垫底，最瘦的双脚站在他肩膀上，其他人扶着高个子逐渐站直，一个人梯马上形成。麻雀"父母"在我们的头顶盘旋，叽叽喳喳的声音越来越大，翅膀剧烈拍动，不时掉下羽毛，正在向我们示威，而我们已按捺不住即将逮住雏雀的激动心情，任凭它们"撕心裂肺"。鸟洞已在眼前。不一会儿工夫，肩膀上的伙伴连续抓出四五只小麻雀，人手分得一只，我也不例外。

似乎受到了惊吓，小麻雀在我手里微微哆嗦。短短的绒毛布满全身，嘴角黄黄的，发出"唧唧"的声音。我双手握着小麻雀，一口气儿跑回家，腾空装墨水的盒子，趁母亲不在，偷偷撕开被子的一角，抽出一些棉花，垫在墨水盒里，给小麻雀营造了一个温暖的窝。此后的几天，小麻雀在我的墨水盒子里成长着。放学回来，不是喂水喂食，就是放在手上玩耍——食指放平，让麻雀站立在上面，双指轮番训练小麻雀上下，麻雀爪子在指上不停跳跃，感觉很有成就感。

麻雀一天天长大，已能短距离飞行，训练还在继续。将麻雀轻轻扔出去，在几米开外它折返回来，落到食指上面。一有空，伙伴们就聚在一起，拿着各自的麻雀，比赛谁的最聪明、最听话、飞得更远。在那段时间，麻雀变成我们每个伙伴的小宠物，我们悉心照顾它，希望它能一直伴随我们成长。

有一天放学回家，与麻雀继续玩耍，可它一下飞到了远处的墙头上，四处张望，任凭我的手指怎么变着手势，它都无动于衷。就在此时，正有一群麻雀飞过，它小脑袋看看我，看看雀群，翅膀扇动，头也不回，飞向雀群，瞬间消失在我眼前，只剩下空空的墨水盒和两行泪。父母亲暗自高兴，却还安慰我，麻雀本应属于它们族群，一只麻雀待在盒子里该多孤单……

转瞬间，已到盛夏时节。此时，所有的小麻雀已飞出窝，在成年麻雀的带领下四处觅食，机灵的小家伙们翅膀已变硬，经历了春季的繁殖，麻雀的数量增长了好几倍。此时，要逮住一只矫健的麻雀，实乃难事，最有技术含量的方式，莫过于使用弹弓了。

找来一个小树杈，打磨平整、光滑，把废旧的架子车内胎剪成宽1厘米、长10厘米的长条，两根车胎条固定在树杈两端，用皮或布缝在一起，弹弓就做成了。随手捡起的小石子，在弹弓的配合下，瞬间变成了利器。但要真正射中10米开外的麻雀，并非易事。

刚刚掏过麻雀的伙伴们，马上组成了弹弓队，房前屋后成了我们的训练场，稍有不慎，打破邻居家的玻璃，受到家人责备是常有的事。这段时间，腰上别着弹弓，口袋里装着石子，心里想着小兵张嘎如何用弹弓击中日本鬼子的脑壳，似乎有了成为英雄的感觉。田地里，屋檐下，随处都是我们射击麻雀的战斗场。若能击中一只麻雀，小伙伴们纷纷投去艳羡的目光，内心甭提有多高兴了。

夏日的炎热很快被秋风吹散。麻雀正在等着一场饕餮大餐，伙伴们的弹弓队也将面临一场更大的战斗。

田野里，谷子饱受炎阳的抚慰，已结出了硕大的谷穗，一个个沉甸甸的穗子，抬不起头。麻雀早已嗅到了谷子的香味，从堂前屋后、四面八方向谷子地集结。黑压压一片，从一块谷子地奔向另一块谷子地，一只只麻雀用它那灵巧的小爪落在一束束谷穗上面，利索的尖嘴不停地攫取鲜嫩的谷子，不时发出叽叽喳喳的声音，似乎在庆祝它们的节日。人们开始驱赶麻雀，守卫谷子，我和小伙伴们也加入其中。长辈们反对使用的弹弓，此时也派上用场。每天放学后，我们直奔谷子地，边走边用弹弓射击，即使不能射中目标，也能惊吓麻雀飞离。尽管我和伙伴们依然卖力，但弹弓的威力显然不能保护大片大片的谷子。

长辈们在竹竿上绑一块红布，插在谷子地中间，秋风起，布飘动。起初，多少能惊吓到雀群，但时间一长，红布便没了作用。长辈们又用稻草编出一个个稻草人，穿上我们的旧衣服，比红布的效果要强一些。可麻雀是很机灵的小鸟，大人们的计策很快被它们"识破"，即使每天改变稻草人的形状，衣服花样翻新，脸型不断变化，从人脸变成了鬼脸，稻草人的脸越来越狰狞，越来越吓人，麻雀们依然"冒险"进入谷子地，不肯放弃这一年不多的盛宴。长辈们只有抓紧收割谷子，以减少损失。

谷子似乎是专为麻雀而生的，细小的粒，硕大的穗，一束穗足以让几只麻雀饱食几顿。有谷子的地方，麻雀群生，这是必然的现象。为了保卫谷子，曾几何时，麻雀被视为"四害"之一，成为人民群众"斗争"的对象。听父亲讲，在20世纪50年代，他的童年也经常参与驱赶麻雀的"战斗"。每当谷子成熟，全村老少集结谷子地，敲锣打鼓放鞭炮，弹弓口哨齐上阵，以包围之势，将麻雀陷入人民驱鸟的汪洋大海之中，受惊的麻雀四处逃窜，巨大的喧闹声响，让麻雀无处立足，最后累死落地。全村老少仔细捡拾死麻雀，用数量证明自己的付出以获得生产队的工分。人民的力量不可小视。过量的捕杀，导致麻雀数量大量减少，田地里的蛆虫数量翻了几番，大家才发现，麻雀不仅偷食谷子，而且也吃虫子，蛆虫对谷子和其他农作物的蚕食所造成的损失，远大于麻雀偷食谷子的损失。后来，人们对麻雀进行了"平反"。

秋收过后，田地里剩下的谷子、耕地翻出的蛰伏于地下的虫子，都成了麻雀们的美食。一个秋天，它们会活跃在田地里，享用这些丰腴的美食，麻雀们个个体格健壮，飞行速度更快，现在要逮住一只麻雀，可谓难上加难。我和伙伴们在等待一个新的逮住麻雀的好时机。

一场冬雪，覆盖了万物。无处觅食的麻雀，再一次飞到了堂前屋后。

选择飘雪的时间，在院子角落扫出一块地，撒上谷子，将竹箩置于空地上，一头着地，一头用小棍支起，小棍中间绑上绳子，绳子的一头连着我的手指，我躲在屋内，时不时掀开门帘一角，观察动静。不一会儿，谷子已诱惑了一群麻雀，胆大的麻雀率先跳进竹箩下面，试探性地吃起来。三番五次，七八只麻雀进入竹箩下面，我手拉绳子，竹箩瞬间落地，麻雀被扣其下。我连忙跑到跟前，麻雀在里面急得团团转。但要抓住它们却很难。一手轻抬竹箩，一手伸进去抓，刚抓到一两只时，其他几只已从旁边溜走。就这样，在漫天飞舞的雪花中，麻雀一次次落入我设下的"圈套"。想着初夏时节它的不辞而别，想到盛夏时候弹弓失利，想到秋天偷食谷子的狡猾，再看看它一次次被逮住的样子，开心极了！

麻雀给我的童年、少年时光增添了很多快乐，但麻雀的命运却在20世纪90年代发生变化。大量农药的使用，使得麻雀数量一度减少，有些地方甚至出现绝迹，相应的生态反应很快表现出来。地下蛆虫泛滥，数量剧增。种植庄稼，只有更多地依靠农药来提高收成，造成食品的污染，环境的破坏。

最近几年回家，逐渐发现堂前屋后的麻雀又多了起来。细分析原因，发现现在农村已基本没人种地，壮劳力都去城里打工，土地荒芜，杂草丛生，也谈不上用农药，麻雀自然多了起来。麻雀在生态平衡中的作用回归了，但大量壮年进城务工，造成留守儿童、孤独老人的问题越发严重，也许就像麻雀一样，生态平衡被打破，所造成的影响和恶果在别处，麻雀再次回归，是自然生态系统的重生，而社会生态系统正在面临着新的考验，越来越突显的农村留守老人和儿童的问题，应该被每个人所重视。

# 千年回响

清水古称上邽。公元前688年，秦武公取其地，置邽县，后改为上邽县。自此，上邽的名字便在朝代更迭中一次又一次被擦亮。从秦到汉，从宋到元，上邽作为陇山脚下战略要地，见证了秦的发迹，汉的兴盛，唐的繁华。直至今天，千年古城的魅力，依旧回响在历史的上空，甚至变得越发嘹亮。

这是一种历经沧桑的厚重的声响。它从清水县山门镇一个叫三皇谷的地方发出，穿越时空的隧道，耳畔仿佛听见了牛头河水波涛的声响，夹杂着黄帝部落人群熙熙攘攘的声音，声音穿过陇山浓厚的密林，穿过曲折的峡谷，顺着牛头河传向远方。远处，是波涛起伏的渭河，激流给了声音以力量，更加豪迈地传向了黄河。黄帝的声音传遍了华夏，文明的火种在黄帝的手中点燃了。

矗立在清水县城中心的黄帝像，以及卧居山林深处的轩辕黄帝祠，成了人们聆听千年回响的灵契，无论何时，只要带着一颗虔诚的心，走近时，时光的秒针就在心头画圈，记忆的烈火被一次次点燃。

这是一种战马嘶鸣的声响。时光回溯到两千七百多年前，一个婴儿呱呱坠地了，他的声响惊醒了牛头河的浪花，一个少年英雄成为当时名噪一时的六郡良家子。从那时起，匈奴和羌人在僭越大汉的一次又一次侵犯中，屡屡败退。伟大的英雄赵充国从上邽出发，举家守卫边防，一守就是六十余载，他的屯田治边之策，成为中国军事史上的创举，历经千年而不衰，被一次次加以实践。八十六岁功成名就，功画麒麟阁。自此，上邽作为英雄之城，回响在历史的上空，那里有战马的嘶鸣。

更是一种现代铿锵发展的鼓点之音。我所投资的公司就在轩辕大道边。当时公司决定收购这家公司时，就笃定公司门前双向六车道会有大变化。发展四年多来，门口的轩辕大道发生了巨大的变化。轩辕大道西侧一直延伸到红堡镇，两旁的路灯高大明亮，人行道旁的绿植形色各异，清水的西大门以空前的姿态亮相在世人面前。每次路过轩辕大道，就能感受到一种发展的速度感和城市的活力感。

路边的牛头河依然静静地流淌着。它似乎把一座城市发展的魅力悄悄装进了自己的心里。实际上，除了轩辕大道的改扩建之外，还有北上山坡上崛起的公园。想当年，这里山休滑坡，土地荒芜，作为城市北面的屏障，与清水城市发展已不相适应，特别是对主打康养之城、发展旅游业的城市来说，改造城市屏障是非常迫切和必然的。这些变化，是在我记忆的影像中一帧一帧展开的；这些变化，也是在春天丁香苏醒的明眸中展开的。花舞北山，已从过去的荒山变成了花团锦簇、道路通畅的山体公园。我每每登上花舞北山，就像一只高飞的小鸟，鸟瞰全城，轩辕广场、充国广场、牛头河、轩辕湖以及大大小小各式建筑尽收眼底，一座城的魅力便能映入眼帘。特别是山下建设正酣的红堡工业园，正在书写着清水现代化发展的进程。一座座高大、宽阔的厂房拔地而起，它们正在成为清水带动就业、效益增进的城市发展新活力。

一万年很短，只争朝夕。这是一座古老县城铿锵有力的发展之叹！千年回响，耳畔不仅有消弭于历史烟云的金戈铁马之音，而且是现代化发展的强劲之音。

清水流过上邽城

辑二

# 沙棘

满枝沙棘向着太阳笑红了脸

野棉花不止一次透过红色窥探火焰

情不自禁地与远处的信鸽互相交谈

声声长哨撩拨云朵信步的山川

白云的白在蓝天下更显洁白

如同脚下尚未消融的初冬的雪

同伴扛着棉被步入雪融后的深山

远处村落的困难远大于脚下的泥潭

黄泥的热情留不住前方的呼唤

即使一只鞋子迫不及待地迈步先前

信鸽已将喜悦送达远处蹲守门前渴盼的老人


房檐后烟囱正冒着寂寥的青烟

老人佝偻着身躯正在拨弄满院的蒿柴

铡刀刀刃上尚存着野草的容颜

满地碎草是整个冬天的能源

挂上门帘也许无法抵御所有冷风的袭击

一床新被已萌发了冬夜里的春眠


走过一村再到一村

收获感谢还是感谢

政策好，政府好……

老伯干瘪的双手攥紧我的手

深邃的眼眶里噙满冰雪消融后的晶莹

手在冬天里跳舞，心在春天里苏醒

村头光秃的老槐树并不愧疚寒碜的装扮

缀满红果的同伴沙棘

用深情的火热

盛放清水冬天深山里的温暖

# 大寒

西伯利亚的风

撕裂霓裳的美丽

把太阳的热辣

冷凝成天空的泪滴

搭乘飞向大地的行旅

在某个迷蒙的清晨

被多情的树枝挽留

草木换上洁白的素装

宛若北极的凝光

耀映在蔓延的群山


群山之下

厚厚的墙

成了固若金汤的堡垒

恼羞成怒的风

肆无忌惮　张牙舞爪

摇晃窗门的声响

如同大寒围城的号角

与屋内的温暖决一死战


屋内的水壶正快马加鞭

炉火使出了降龙十八掌的绝技

嘶嘶的欢响

平复了主人对大寒的畏惧

腾起的白浪

向屋外的寒风发起了猛攻

地板下面，阵列如蛇

一个个骁勇的士兵

带着亿万岁生命燃烧的火热

在一场与寒战斗的星夜

传来频频捷报


风的利爪

画出了季节的性格

寒的凌傲

陷落在炉火和厚墙的兵阵

胜利溶解进一杯杯滚烫的酽茶

散发的香雾

围拢起季节变迁的图腾

成为品啜时光的标彰

# 窗外

天使降落人间

慰藉山林想念的心田

风舞鹅毛　纱裙妙曼

一场风花雪月的盛宴

在踩着木板的孩子脚下隆重上演


明亮的光线击穿玻璃围栏

季节的问候直入双眼

黑色马路渐渐变淡

汽车绑上了防滑链

蹑脚的行人端详雪花的容颜

如目久别重逢的笑脸

咯吱的声响

荡起窗外悦耳的清欢


瓦片相思成线

阻滞天使的大驾奔向大地的渴盼

凝固成无瑕的泪眼

在风中列阵召唤

召唤华佗的妙手重现

大地干咳正在艰难

天使变身神奇灵丹

愈复了嗓门持久的发炎

朴素的空间

在每个人心头眉开舒展

纯美的童年

荡漾在连续不断的微圈

晶莹的湖畔

泛起了灿若桃花的微澜

# 一夜花开

一夜花开

瓦片掉下眼泪

被风的炉火锻造成匕首

亮晃晃，扎进爱恋的心窝

雪与地忍痛相望

爱与情咫尺天涯


一夜花开

雪长在挡风玻璃上

方向盘失去了魔力

轮胎心生愤恨

远征的燃情已爆发

虎符相合

战马披上金甲

出征

留下长长的背影


一夜花开

遍地缀满魔法

哈利波特变出了圆球

弹跳着

飞向穿红色衣服的圣诞老人

袖筒的糖果

偷偷换成了珍珠

喜悦出卖了纯真

抖落出满地晶莹


一夜花开

坡变得圆滑

比轱辘还圆

比圆球还滑

滚落出串串笑声

从树上纷纷跳下

全然忘却了昨夜星辰的忧伤

山间重换新颜


一夜花开

水长出棱角

车穿上盔甲

孩子获得了魔法

就连平庸的马路

都变得冷傲起来

撂倒了高傲的脚步

扬起飞花漫天间

抚慰了一季思念的花开

# 在田湾村采摘核桃

一缕缕细雨

淋落了棍棒朝向核桃的热吻

作别生命栖息的家园

坠向柔软的草幔


一双双远道而来的纤手

捡拾起了岁月凝练的光阴

搭乘篮筐的阵列

奔向丰收的战场


听吧！

"听爷爷说这可是轩辕故里"

"你看哪儿哪儿都是美不胜收"


看吧！

看那满山碧绿的圣果

是长在幸福树上的宝石

是闪烁着绿波的音符

是核桃种植户心中的乐章


喜悦传遍山岭

核桃堆出长城

俏皮的孩子，手持石块击溃满身厚重的戎装

探寻季节的天赐

清香、脆嫩

一股脑儿涌入他们纯真快乐的海洋


聪明的大人，手握月牙弯刀

所向披靡，城池失陷，滋味归降

封尘已久的甜美乘着秋风

爬上了一位六十六岁爷爷的嘴角


爷爷蹲在核桃树下

一个一个捡拾起隐匿在草丛的核桃

像在河水中淘金

不放过任何一粒视如珍宝的收成

旁边的地磅

称出了幸福的重量

一百二十三斤、一百一十八斤

计算器吐出了一连串清脆的声音

蜜蜂飞过来了，蝴蝶飞过来了

就连庆祝丰收的气球

也飘起来了

漫山遍野，飘荡着快乐的声音

这是田湾村的声音

这是陇东镇的声音

这是清水的声音

久久回荡在金秋的山谷

回荡在每个人的心头

# 我仿佛听见春天的呢喃

## 焰火

那一声巨响惊动了天

唤醒了春雷深沉的眠

黑夜睁开惺忪的眼

繁星微笑着降落人间

栖息枝头晶莹的雪

纷纷步入春天的园

多情的大地冒起了烟

在天空的稿纸上

写下隆重的誓言


## 我仿佛听见春天的呢喃


覆盖小径的雪毯

在沙棘果热烈的映照中

苍白的颜色

开始蜕变


风尽情吟唱

穿过山谷，蹿上山坡

摇动山顶铁马的声响

惊醒了时光的经卷

宝塔巍峨

阳光舒展


囚禁地下的草

倔强地掀开地壳

在阳光的赦免中

集体越狱


树的盔甲

闪烁着冰花

爆裂了粗犷的衣裳

枝头上墨黑的小芽

雀跃着，向天空示好

天空蔚蓝

大地宁静


春天的密谋

终于在最后一片雪崩塌时

公之于众

小溪奔走相告

竹林交头接耳

北归的雨燕

趁着迟暮的寒夜

衔来了一枚南方的叶片


## 春雨


我曾不止一次地梦见

天街小雨润如酥

当光阴的箭矢射中

新春的靶心

南山林木惺忪的睡眼

在一阵又一阵惊异的焰火中复苏


季节的法令宣布了春天的光临

冬天却踟蹰蛇行

用一夜白雪

昭示着对时光的恋情


皑皑春雪

混淆了季节的边界

只当忍受乍暖还寒的春夜

暗绿的松树盛开出雪莲

竹子抖落身上的冰雪

满山洁白如玉

月光的清辉更加耀眼


太阳在早晨主持公道

法槌落下的声音

让冬天的企图变得可笑

东风乘机揭示出真相

万物在阳光的开庭中喧嚣

几只大胆的麻雀落入草坪

那刚探出脑袋的虫子

瞬间完成了生命的涅槃


南塬之上

春天正在呢喃

# 清水之春

一群白鹭落于牛头河畔

早早守望春天

它们身着洁白的盛装

在清晨展翅

又在霞光中派对

它们笃信清水之春

比老家的春天更加温暖


冬的杰作终于面目全非

鱼儿在晶莹的龙宫里

聆听春雷的指令

和解封的捷报

# 清水流过上邽城

陇山苍茫的峡谷深处

汩汩冒着清泉的声响

穿梭在高山与云雾之间

沉睡了的鸟儿

被这空灵的乐章唤醒

叽叽喳喳盘旋着、歌唱着

为一条名叫清水的河开道

清水河啊清水河

闪烁的金波是你纯真的品格

从东向西的奔涌是你的执着

陇山的厚土

未能挽留住你奔向黄河的执着

茂密的丛林

正在孕育文明的探索


一万年前的那个夜晚

一个婴儿呱呱坠地了

他的啼哭惊醒了清水河的浪花

他的足迹沿着轩辕谷出发

走向黄河、走向中原

文明的火种在轩辕黄帝手中点燃

三千年前的那个夏天

一个叫嬴姓的家族来到清水河畔

你用柔情的水草供养起一个帝国的崛起

秦人的背影，在秦亭的月光里摇曳


当时光的箭矢穿越历史的迷雾

我听见了英雄赵充国战马的嘶鸣

我梦见了尹大夫紫气东来的祥瑞

我看见了上邽城车水马龙的繁华

我嗅见了盛开着幸福之花的馨香


当北山的丁香睁开惺忪的睡眼

紫色的明眸就能照亮整个春天

当南塬的油菜绽放婀娜的身姿

黄色的浪漫已然融化了南山

当遍地的万寿菊穿上了盛装

农业产业发展的故事已经开篇


宽阔的轩辕大道打通了幸福的密码

红堡园区机器的轰鸣讲述着清水发展的故事

清泉烟柳依依

温裕之泉蒙蒙

李崖遗风习习

笔架山郁郁葱葱

三皇谷神秘幽静


清水流过上邽城

滋养着万年的文明千年的神韵

抚触着百年的荣光十年的辉煌

一座康养之城正向世人发出邀约

一座幸福之城已然处处生机盎然

清水流过上邽城

辑三

摄影：杨兆康（前11张）
张小东（后4张）

黄帝的目光如清澈的河流，
穿过巨石的罅隙，草木的阻挡，
让部落的文明之光从牛头河畔照
向东南。

　　　　——《黄帝的目光》

清水县非子牧场夏季风光

在光明与黑暗交替的世界，
在水与火交织的时期，水与这片
热土结下了不解之缘。一座带水
字的城——清水，另一座带水字的
城——天水，注定是中华文明发源
史册上最耀眼的。

　　　　　　　　——《水润上邦》

清水县非子牧场秋季风光

一夜春雨，刷洗了来自北方沙漠的尘土，天空清净，大地滋润，花舞北山和它绵延百里的群山之上，种植的和野生的丁香结正在露出笑脸，迎接着崭新的春天。

——《花舞北山》

云端上的村庄——清水县山门镇玄头村

牛头河把欢声笑语告诉了渭河，渭河告诉了黄河，黄河告诉了太平洋，太平洋告诉了全世界。

——《香怡南塬》

清水县城一角

一座如画之山，经得起世人目光的检阅，它犹如泼墨的山体，姹紫嫣红的山林，香火旺盛的寺庙道观，足以吸引每一位热爱自然、热爱文化、喜欢踏足者的脚步。

——《如画花石崖》

清水县万寿菊喜获丰收

汩汩温热的清泉，连同清水人
的热情，奔涌千年，永不枯竭。

——《温裕之泉》

清水县花石崖景区

当一座城用丁香花和丁香的颜色——紫色去诠释它的魅力之时，就已经掀开了一幅高贵的、生动的画卷。

——《花样清水》

清水县非子牧场春季风光

清水的用心，在于倡导的三季有花，四处有景。邂逅了今年春天的丁香，夏天的油菜花，秋天的万寿菊，花样般的清水，会把紫色的高贵、黄色的浪漫、橙色的热情长久写在人们的心间。

　　　　　　　　　　——《花样清水》

清水县花舞北山公园月季盛开

一碗馓饭，是清水人的真爱。
它是贫穷社会的英雄，也是富余时
代的宠儿。馓饭蕴藏着能量，提供
着营养，也温暖着日子。
　　　　——《烟火清水之馓饭》

清水县山门镇雨后云海

尹喜的出生地与花石崖举步之遥，尹喜童年的欢歌笑语，想必在花石崖的山间回荡。奇特瑰丽的山崖，为一个圣人幼小的心灵植入了"天人合一"的思想，启迪了他探索世界万物的智慧，在随后的求学造诣中，成为从天水走出的思想家，后来偶遇老子书就《道德经》，真乃功不可没。

——《大夫尹喜》

清水县香怡南塬油菜花盛开

清水流过上邽城，充国往事
梦悠悠。一代英雄彪炳册，时时
激励后来人。

——《英雄赵充国》

清水县山门镇玄头村"四好农村公路"

源远流长的华夏文明生生不息，历经数百个朝代的更迭和交替，大大的"秦"字如天空的火焰，闪亮在历史的时空。当人类文明的火把从历史的驿站中追忆八百年一统华夏文明进程的烽烟，源头指向了陇山脚下——清水。

　　　　——《秦人的背影》

清水县陇东镇田湾村的核桃成熟了

手在冬天里跳舞，心在春天里苏醒

村头光秃的老槐树并不愧疚寒碜的装扮

缀满红果的同伴沙棘

用深情的火热

盛放清水冬天深山里的温暖

　　　　　　　　——《沙棘》

清水县轩辕湖公园水车园

柔软的柴草垛堪比最庞大的海洋球馆。麦柴一层层加高，麦柴垛快速长大，我和小伙伴在柴草中尽情跳跃，翻跟头，紧紧抓住一年只有一次，一次只有一两个小时的尽兴，让每一根麦秆，沾满童年的快乐。

——《麦子熟了》

清水县红堡镇小泉村正在摘柿子的人

炕烟在冷风中飘着，熟悉而温暖的味道升腾在村庄的上空，那是父母的坚守，亦如奶奶的坚守，时刻等待归家的孩子。

——《放炕》

清水县赵充国陵园

一万年很短，只争朝夕。这是一座古老县城铿锵有力的发展之叹！千年回响，耳畔不仅有消弭于历史烟云的金戈铁马之音，而且是现代化发展的强劲之音。

——《千年回响》

# 跋

郑斌

　　云峰先生是我的老师，也是我的合作伙伴。在亦师亦友的合作共事中，他总能给人以正向的能量和激情，这在民营企业创业发展中，显得弥足珍贵。

　　短短五年多时间，云峰先生已出版了《云在天上飞》和《心路一光年》，且作为他的随笔四部曲的第三部《风正徐徐吹》已定稿待出版，就在此时，当《清水流过上邦城》这本书稿呈现在我眼前时，着实让人一惊。这是一本在2023年4月起笔，在年末杀青完稿的作品集，而且是为清水专门写著的一本书，这对于清水文化发展或者云峰先生的创作方向来说，都是非常重要的。

我与清水的交集，在于公司的投资。当时，我们看重清水的核桃资源，收购了一家濒临破产的企业而立足清水发展。三年多来，遇疫情侵扰让创业步履维艰，即便如此，公司在云峰先生带领下稳中求进，公司各项目标逐一实现，特别是在2022年公司被认定为高新技术企业，乃清水县第一家，实属来之不易。在创业与写作并行中，云峰先生始终保持着积极的心态、阳光的精神，白天工作，晚上创作，间或跑一场马拉松或户外十公里，是他的日常。这样的坚持终于取得了成果。

这本《清水流过上邦城》就是他在清水创业过程中的体会、观察和思考。作为一座千年古城现代化的发展样本，清水值得大书特书，清水有理由成为未来西部的活力之城，这些理由，在本书优美、隽永兼具商业思考的文字中能获得。同样，这本书对清水未来文化旅游事业将起到非常积极的作用。


2023年12月18日


（郑斌，青年企业家。毕业于加拿大艾伯特大学，获电子工程硕士学位。）